Ulrich Ansorge · Helmut Leder

Wahrnehmung und Aufmerksamkeit

Basiswissen Psychologie

Herausgegeben von
Prof. Dr. Jürgen Kriz

Wissenschaftlicher Beirat:
Prof. Dr. Markus Bühner, Prof. Dr. Thomas Goschke, Prof. Dr. Arnold Lohaus,
Prof. Dr. Jochen Müsseler, Prof. Dr. Astrid Schütz

Die neue Reihe im VS Verlag: Das Basiswissen ist konzipiert für Studierende und Lehrende der Psychologie und angrenzender Disziplinen, die Wesentliches in kompakter, übersichtlicher Form erfassen wollen.

Eine ideale Vorbereitung für Vorlesungen, Seminare und Prüfungen: Die Bücher bieten Studierenden in aller Kürze einen fundierten Überblick über die wichtigsten Ansätze und Fakten. Sie wecken so Lust am Weiterdenken und Weiterlesen.

Neue Freiräume in der Lehre: Das Basiswissen bietet eine flexible Arbeitsgrundlage. Damit wird Raum geschaffen für individuelle Vertiefungen, Diskussion aktueller Forschung und Praxistransfer.

Ulrich Ansorge
Helmut Leder

Wahrnehmung und Aufmerksamkeit

VS VERLAG

Bibliografische Information der Deutschen Nationalbibliothek
Die Deutsche Nationalbibliothek verzeichnet diese Publikation in der
Deutschen Nationalbibliografie; detaillierte bibliografische Daten sind im Internet über
<http://dnb.d-nb.de> abrufbar.

1. Auflage 2011

Alle Rechte vorbehalten
© VS Verlag für Sozialwissenschaften | Springer Fachmedien Wiesbaden GmbH 2011

Lektorat: Kea S. Brahms | Eva Brechtel-Wahl

VS Verlag für Sozialwissenschaften ist eine Marke von Springer Fachmedien.
Springer Fachmedien ist Teil der Fachverlagsgruppe Springer Science+Business Media.
www.vs-verlag.de

Umschlaggestaltung: KünkelLopka Medienentwicklung, Heidelberg
Druck und buchbinderische Verarbeitung: Ten Brink, Meppel
Gedruckt auf säurefreiem und chlorfrei gebleichtem Papier
Printed in the Netherlands

ISBN 978-3-531-16704-6

Inhalt

Vorwort 7

1   Wahrnehmung und Aufmerksamkeit 9
    1.1   Wahrnehmung als Gegenstand
          der wissenschaftlichen Psychologie 9
    1.2   Empfindung und Repräsentation –
          zwei Resultate der Wahrnehmung 12
    1.3   Aufmerksamkeit als Selektivität der Wahrnehmung 16
    1.4   Die historische Entwicklung der Wahrnehmungs- und
          Aufmerksamkeitsforschung 19

2   Von der Bewusstseinspsychologie zu den
    Kognitions-Neurowissenschaften 27
    2.1   Bewusstseinspsychologie 27
    2.2   Gestaltpsychologie 29
    2.3   Gibsons ökologische Wahrnehmungstheorie 31
    2.4   Kognitionspsychologie 34
    2.5   Kognitionsneurowissenschaften 36
    2.6   Evolutionspsychologische Ansätze 37

3   Die Sinne und die Sinnessysteme 39
    3.1   Sinne und Sinnessysteme 39
    3.2   Die Standarddefinition der Sinne 40
    3.3   Erste Begriffe der Sinnesphysiologie 42

4   Methoden der Wahrnehmungs- und
    Aufmerksamkeitsforschung 47
    4.1   Das Experiment 47
    4.2   Introspektion 49
    4.3   Hirnphysiologische Methoden 49
    4.4   Mathematisch-statistische Verfahren der Psychophysik 54
    4.5   Verhalten und Verhaltensbeobachtung 55
    4.6   Modellierung 62

5　Konzepte und Paradigmen der Aufmerksamkeit 67
　5.1　Doppelaufgaben und Interferenz 67
　5.2　Broadbents Filtermodell der selektiven Aufmerksamkeit 69
　5.3　Automatische und kontrollierte Verarbeitung 71

6　Visuelle Wahrnehmung: Farbe und Kontrast 77
　6.1　Der Aufbau der Retina 77
　6.2　Retinale Farbverarbeitung: Zapfentypen und
　　　 retinale Gegenfarbzellen 81
　6.3　Kontrastextraktion durch die Retina 84
　6.4　Die retino-geniculate Projektion und der
　　　 Nucleus geniculatum laterale 86
　6.5　Visuelle Verarbeitung im Cortex 88

7　Visuelle Wahrnehmung:
ein sensumotorischer Prozess 91
　7.1　Augenbewegungen und Sehen 91
　7.2　Retinale Ganglienzellen und unwillkürliche
　　　 Aufmerksamkeit 93
　7.3　Die Colliculi superiores 95
　7.4　Modelle unbewussten Sehens 97
8　Visuelle Wahrnehmung: Objekte, Gesichter und Szenen 103
　8.1　Objekterkennung 103
　8.2　Gesichtserkennung 112
　8.3　Szenenwahrnehmung 115
9　Auditive Wahrnehmung 119
　9.1　Psychoakustik 120
　9.2　Auditives System 123
　9.3　Auditiver Sinn und Gedächtnis 127
　9.4　Physiologische Korrelate – Mismatch Negativity 131

10　Multimodale Wahrnehmung 135

Literatur 141

Glossar 147

Vorwort

Bevor wir beginnen, einige Hinweise. Abkürzungen für physiologische Strukturen und einige psychologische Konzepte haben wir vom englischen Begriff abgeleitet, da die weiterführende und vertiefende Forschungsliteratur primär englischsprachig ist und entsprechende Abkürzungen für den Leser nützlicher sein dürften. Begriffe, die im Text bei ihrer ersten Verwendung durch Fettdruck hervorgehoben wurden, inklusive der durch Fettdruck in den Spitzmarken am Anfang eines Abschnitts hervorgehobenen Fachbegriffe, sind im Glossar zu finden. Literaturangaben im Text sind relativ sparsam und einige interessante Themen haben wir ausgelassen (z. B. visuelle Bewegungswahrnehmung), weil es das Ziel der Buchreihe ist, einen ersten Einstieg in das Thema zu bieten, Überblick zu vermitteln und Interesse zu wecken. Daher haben wir einer verständlichen und ausführlichen Einführung in zentrale Konzepte gegenüber einer enzyklopädischen Behandlung aller Themen den Vorzug gegeben. Unser Dank gilt Sylvia Grassl, Isabella Fuchs, Julia Slaje, Michael Forster, Nikola Komlenac und Christian Valuch für die Erstellung von Grafiken, und besonders unserem Lehrer, Odmar Neumann.

1   Wahrnehmung und Aufmerksamkeit

In diesem Kapitel definieren wir die Wahrnehmung als Gegenstand der wissenschaftlichen Psychologie und unterscheiden die objektivierbaren Repräsentationen von den nicht-objektivierbaren Empfindungen als zwei unterschiedliche Ergebnisse der Wahrnehmung. Wir führen den Begriff der Aufmerksamkeit als Selektivität der Wahrnehmung ein und beschließen das Kapitel mit einem kurzen Überblick über die historische Entwicklung der Aufmerksamkeitsforschung.

1.1   Wahrnehmung als Gegenstand der wissenschaftlichen Psychologie

Mit Wahrnehmung bezeichnen wir einen Vorgang der unmittelbaren und aktiven Teilhabe des Geistes (oder der Psyche) an seiner (oder ihrer) Umgebung. Diese Definition erlaubt einen naturwissenschaftlichen Zugang zur Erforschung und Erklärung der Wahrnehmung. Sie stimmt weitgehend mit der Definition überein, die Philosophen (**Phänomenologen**) gegeben haben. Diese wird weiter unten erklärt. Zunächst möchten wir die Begriffe Psyche, Vorgang, aktive Teilhabe, Umgebung und Unmittelbarkeit erläutern, die die Wahrnehmung kennzeichnen.

    Zentrale Begriffe. Als *Psyche* bezeichnen wir die Gesamtheit mentaler, bewusster sowie unbewusster, Vorgänge und Inhalte. Die Wahrnehmung ist ein *Vorgang*, da sie die Umgebung in einer zeitlichen Abfolge, den Ereignissen, erschließt. Die Wahrnehmung ist auch aktive *Teilhabe* des Geistes an seiner Umgebung: Die Wahrnehmungsorgane sind in der Umgebung des Geistes, dem Körper, lokalisiert, so dass der Geist ebenfalls in der *Umgebung*, im Körper, lokalisiert erscheint. Die *aktive* körperliche Tätigkeit ist außerdem stark an der Wahrnehmung beteiligt, z. B. in Form von Augenbewegungen. Schließlich ist diese Teilhabe an der Umgebung *unmittelbar*, insofern die Umgebung die Inhalte und Gegenstände der Wahrnehmung zu bestimmen scheint, nicht jedoch der Geist. Zusammen erzeugen diese Merkmale den Wahrnehmungseindruck der

Gegenwart der Umgebung, der die Wahrnehmung charakteristisch von anderen geistigen Vorgängen, etwa Erinnerungen und Vorstellungen, unterscheidet.

Dieser Unterschied zwischen der Wahrnehmung einerseits und Vorgängen wie Erinnerungen andererseits erzeugt den subjektiven oder privaten Eindruck, dass der Geist nicht ausschließlich in der Umgebung lokalisiert ist, denn der Vergleich von Wahrnehmung und Erinnerung suggeriert dem Wahrnehmenden, dass ein geistiger Eindruck der Dinge auch bei ihrer offenkundigen Abwesenheit in der Umgebung entstehen kann. Der subjektive oder private Charakter des Geistes als etwas von der Umgebung Verschiedenes ist vermutlich ein Grund für die naive private Intuition des Wahrnehmenden, der Geist stünde außerhalb der Natur oder im Gegensatz zu ihr. Aus dieser Perspektive erscheinen Naturwissenschaften, die auf die Erforschung der Umgebung und des Körperlichen abzielen, zunächst möglicherweise wenig geeignet, geistige Vorgänge, wie Wahrnehmung und Aufmerksamkeit, zu erforschen.

Die naturwissenschaftliche Erforschung des Geistes. Trotz dieser privaten Intuition gehen die meisten wissenschaftlich tätigen Psychologen, einschließlich der Autoren, davon aus, dass der Geist vollständig in der Umgebung, vor allem im zentralen Nervensystem (**ZNS**), lokalisiert und Teil der Natur ist. Aus diesem Grund denken Psychologen häufig, dass der Geist im Allgemeinen und die Wahrnehmung im Besonderen auch naturwissenschaftlich erklärt werden können. Eine Begründung für diese Auffassung ergibt sich aus dem Erfolg der Naturwissenschaften bei der Erklärung geistiger Vorgänge, wobei bis heute Grenzen bestehen, die wir unten noch näher erörtern. Viele Beispiele, die wir im Buch schildern, zeigen, dass Wahrnehmung und Aufmerksamkeit erfolgreich mit naturwissenschaftlichen Methoden untersucht und als natürliche Prinzipien verstanden werden können.

Dazu an dieser Stelle ein erstes Beispiel. Zellen auf der lichtempfindlichen Seite des Augenhintergrundes von Wirbeltieraugen, der Netzhaut oder **Retina**, enthalten einen Farbstoff, das **Rhodopsin**. Die räumliche Struktur des Rhodopsins ändert sich durch Einfall von Licht und löst so eine Kaskade elektrochemischer Prozesse aus, die zur Fortleitung einer elektrischen Spannungsänderung in das ZNS der Wirbeltiere führt. Da das Rhodopsin der Netzhaut genau durch den Bereich elektromagnetischer Wellenlängen des Lichtes geändert wird (oder für den Bestandteil des Spektrums empfindlich ist), den wir auch sehen können, und da eine Unterbrechung der Fortleitung der Spannungsänderungen auf der Strecke zwischen Auge und ZNS einen Gesichtsfeldausfall, also eine Teilblindheit nach sich zieht, kann man schließen, dass die Übersetzung (die **Transduktion,** siehe auch Kapitel 3) von Licht in elektrische Nervenimpulse durch das Rhodopsin eine wichtige Voraussetzung für das Sehen ist und wichtige Merkmale des Sehens (das Spektrum der Wellenlängen für das das Auge empfindlich ist) maßgeblich mitbestimmt.

Dieses Beispiel macht deutlich, dass wir durch systematische Beobachtung der Natur, also durch Empirie, Einsichten in die Erklärung geistiger Prozesse gewinnen können. Ihre Überzeugungskraft beziehen die auf Beobachtungen gestützten Einsichten aus ihrer Ähnlichkeit zur Überzeugungskraft der naiven Wahrnehmung. Auch im Alltag und außerhalb der Forschung stützen Menschen ihre Einsichten auf die Wahrnehmung.

Dazu noch ein weiteres Beispiel: Trotz des privaten Charakters unseres Geistes unterstellen wir in der Regel auch anderen Menschen, dass sie über Geist oder Bewusstsein verfügen. Eigentlich können wir von unserem persönlichen Standpunkt aus aber nicht sicher wissen, ob andere Menschen ebenfalls Bewusstsein besitzen, denn das Bewusstsein ist ein rein subjektiver, nur privat zugänglicher Bereich des Geistes. Der Grund dafür, dass wir als Menschen trotzdem auch auf Bewusstsein bei unseren Artgenossen schließen, ist die Wahrnehmung großer Ähnlichkeiten im eigenen und fremden Verhalten, manchmal auch der Ähnlichkeit unserer körperlichen Ausstattung (einschließlich der Physiologie) mit derjenigen anderer Artgenossen und sogar verschiedener Spezies. Wenn wir also anderen Lebewesen Geist oder Bewusstsein unterstellen, obwohl wir die private Perspektive dieser Lebewesen nicht einnehmen können, verhalten wir uns genau wie Naturwissenschaftler. Oder anders ausgedrückt: Die Naturwissenschaften haben die Methoden der alltäglichen Erkenntnisgewinnung des Menschen nur verfeinert und verallgemeinert. Der wesentliche Unterschied besteht dabei darin, dass Naturwissenschaftler die Rolle strenger Beobachter einnehmen und die Methoden der Erkenntnisgewinnung systematisch weiterentwickelt haben (siehe Kapitel 4).

Bestehende Grenzen der naturwissenschaftlichen Erklärung der Wahrnehmung. Aufgrund der Adaptivität der Wahrnehmung, d. h. ihres Nutzens für die Anpassung des Menschen an veränderliche Umgebungsbedingungen im Allgemeinen, und aufgrund der Erfolge der aus der Wahrnehmung hervorgegangenen naturwissenschaftlich-empirischen Methoden bei der Erforschung und der Erklärung der Wahrnehmungsvorgänge, halten wir eine Gegenüberstellung von Geist und Natur für ungerechtfertigt. Wir möchten allerdings betonen, dass das naturwissenschaftliche Forschungsprogramm der Wahrnehmung nicht abgeschlossen ist. Es gibt Aspekte der Wahrnehmung, die bislang nicht zufriedenstellend durch naturwissenschaftliche Prinzipien erklärt werden können. Das gilt insbesondere für die Erklärung der nur privat zugänglichen geistigen Qualitäten von Empfindungen, wie weiter unten dargestellt wird. Zwischen den Empfindungen, die sich aus der Perspektive

der 1. Person ergeben, und den Beobachtungen, die aus der Perspektive der
3. Person gemacht werden können, besteht bislang eine Differenz, die naturwissenschaftlich nicht vollständig verstanden wird.

1.2   Empfindung und Repräsentation –
zwei Resultate der Wahrnehmung

Das Resultat der Wahrnehmung sind die Wahrnehmungsinhalte. Das sind
zum einen Repräsentationen der Umgebung und zum anderen subjektive oder
private Empfindungen.

Repräsentationen. Als Repräsentation bezeichnen wir hier die Umgebung
als Ergebnis und Inhalt des Wahrnehmungsvorgangs. Eine Ursachenzuschreibung oder **Attribution** des Wahrnehmungsinhaltes auf die Umgebung erfolgt
häufig in der Form eines „unbewussten Schlusses", wie es Hermann von Helmholtz (*1821; †1894) nannte. Unbewusstes Schließen kann man im Selbstexpe-
riment anhand von Abbildung 1.1 nachvollziehen. Betrachtet man den linken
Teil von Abbildung 1.1 sieht man unwillkürlich die Darstellung eines dreidimensionalen Würfels, obwohl die Abbildung zweidimensional ist und wir sie
nur dreidimensional interpretieren. Der „Schluss" von der zweidimensionalen
Abbildung auf den dreidimensionalen Würfel als Ursache des Wahrnehmungsinhaltes erfolgt für den Betrachter mit so großer Beiläufigkeit, dass sich der
Betrachter der dabei getätigten Ursachenzuschreibung kaum gewahr wird. Der
Schluss erfolgt also unbewusst.

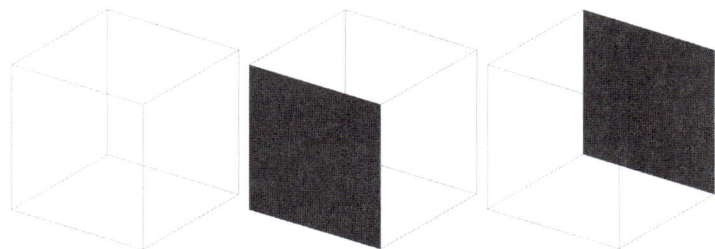

Abbildung 1.1: Necker-Würfel (links) sind ambivalente Kippfiguren, bei denen entwe-
der die vordere Seite als nach unten geneigt (Mitte) oder als nach oben gekippt (rechts)
gesehen wird.

Es ist ein Kennzeichen von Repräsentationen, dass ihre Inhalte objektivierbar sind und quantitativ gut formalisiert werden können. Den Würfel könnten wir zum Beispiel anhand seiner objektiv messbaren Merkmale beschreiben: durch die Angabe der gemessenen Kantenlängen und Winkel. Diese Angaben sind objektiv, weil sie nicht nur privat zugänglich sind. Messungen an Gegenständen sind auch inter-subjektiv nachvollziehbar und prüfbar. Aufgrund der Objektivität von Repräsentationen und ihrer quantitativen Formalisierbarkeit gehören Repräsentationen zu jenen Aspekten der Wahrnehmung, die gut mit naturwissenschaftlichen Methoden untersucht werden können.

Empfindungen. Anders steht es mit den Empfindungen. Empfindungen bezeichnen die rein subjektiven und qualitativen Merkmale des Wahrnehmungsinhaltes. Sie umfassen die privaten phänomenalen Qualitäten, also die Erscheinungen des Wahrnehmungsresultates im Bewusstsein des Wahrnehmenden. Empfindungen müssen keine Ähnlichkeit mit den Umgebungsmerkmalen aufweisen, denn sie ergeben sich nicht allein aus den objektiven, messbaren und gut formalisierbaren Merkmalen der Umgebung. Unterschiedliche Farbempfindungen, wie Grün oder Gelb, entsprechen zwar z. B. unterschiedlichen Wellenlängen elektromagnetischen Lichtes, aber die Farbempfindungen ergeben sich nicht allein aus den objektiven Merkmalen des Lichtes. Der Unterschied zwischen den Farben Gelb und Grün wird beispielsweise qualitativ als größer empfunden als der Unterschied zwischen zwei Grüntönen, selbst wenn die objektiv messbaren Wellenlängen der Farben Gelb und Grün sich nicht stärker voneinander unterscheiden als die Wellenlänge eines Grüntones von derjenigen des zweiten Grüntones. Die bislang unbekannten Gesetzmäßigkeiten, die erklären könnten, wie sich aus den objektiven und quantifizierbaren Reizeigenschaften subjektive qualitative Empfindungen ergeben, werden in der Wahrnehmungsforschung als „Qualiaproblem", „Erklärungslücke" oder „hartes Problem" bezeichnet.

Unterscheidung von Repräsentationen und Empfindungen. Die beiden Wahrnehmungsresultate, Repräsentation und Empfindung, gehen in der Regel Hand in Hand. Daher stellt sich die Frage, ob der Wahrnehmende zwischen diesen Wahrnehmungsresultaten unterscheiden kann, und wenn ja, wie der Wahrnehmende diese Unterscheidung trifft. Oben hatten wir festgestellt, dass die Repräsentation den objektiven Teil des Wahrnehmungsinhaltes ausmacht. Vom privaten geistigen Standpunkt des Wahrnehmenden besteht der „Nachweis" der Objektivität der Repräsentationen in ihrer Bewährung durch Vorhersage und Bestätigung. Das geschieht häufig in Form des Handelns. Wenn der Wahrnehmende zum Beispiel eine Tasse auf dem Tisch sieht, bestätigt sich seine Repräsentation als Vorhersage beim erfolgreichen Ergreifen der Tasse. Mehr noch: Eine zunächst private Repräsentation der Umgebung kann inter-sub-jektiv als Vorhersage auch von anderen Personen nachvollzogen und bestätigt werden, wenn beispielsweise die Repräsentation des Tassenortes durch einen Betrachter mittels Zeigen auf die Tasse zum erfolgreichen Ergreifen der Tasse durch einen anderen Betrachter führt. Die Objektivität der Repräsentation als erfolgreiche Vorhersage beruht also auf der Möglichkeit, dass eine Vorhersage (inter-subjektiv) bestätigt werden kann.

Qualitative Empfindungen werden hingegen nur in der Innenschau, der sogenannten **„Introspektion"**, kenntlich. Empfindungen bezeichnen daher denjenigen Teil des Wahrnehmungsinhaltes, der die Repräsentation zwar in der Regel (subjektiv) begleitet, sich aber gerade nicht leicht durch darauf gerichtete Vorhersagen (inter-subjektiv) bestätigen lässt. Eine Farbe kann dem Betrachter z. B. einen Gegenstand anzeigen, den der Betrachter erfolgreich ergreifen kann, aber der Farbeindruck selbst wird durch das Ergreifen der Tasse nicht bestätigt, denn das erfolgreiche Ergreifen der Tasse setzt nur die richtige Lokalisation und eine korrekte Formwahrnehmung der Tasse voraus. Auch dieser subjektive Sachverhalt bestätigt sich im Selbstversuch, zum Beispiel, wenn der Lichteinfall auf die Tasse sich derart ändert, dass die Tasse in einer anderen Farbe erscheint, und diese Veränderung der Farbe das Ergreifen der Tasse nicht beeinträchtigt.

Wahrnehmungsillusionen. Als Betrachter unterscheiden wir aus der priva-ten Perspektive zumeist aber nicht präzise zwischen unseren Empfindungen und den damit einhergehenden Repräsentationen. Aber Empfindungen können von Repräsentationen abweichen. Empfindungen werden dem Betrachter ge-rade dann besonders offensichtlich, wenn sie die Form einer Abweichung des subjektiven Eindrucks von den objektiven Umgebungsverhältnissen annehmen. Das ist bei Wahrnehmungsillusionen der Fall. Wahrnehmungsillusionen sind laut ihrer Definition diejenigen subjektiven Empfindungen, denen keine Reprä-sentationen entsprechen, die also nicht korrekt über die objektiven Umgebungs-merkmale informieren und daher auch nicht inter-subjektiv überprüft werden können. Bei der schnellen Projektion einer Abfolge von Standbildern im Kino empfindet der Betrachter beispielsweise visuelle Bewegung. Dabei handelt es sich allerdings um eine Illusion, die sich im handlungsmäßigen Vollzug nicht bestätigen würde: Eine kontinuierliche Augenbewegung zur Verfolgung eines sich bewegenden Objektes im Kinobild überstreicht z. B. auch Positionen, an denen sich das Objekt des Kinobildes nie befindet.

Wahrnehmungsillusionen führen uns vor Augen, dass der Akt der Wahr-nehmung weder in den Empfindungen noch in den Repräsentationen eine ex-akte Kopie der visuellen Umgebung liefert. Der visuelle Eindruck wird immer von den Eigenschaften des visuellen Sinnessystems mitbestimmt. Das gilt für die Empfindungen, die inter-subjektiv nicht geprüft und bestätigt werden können, nur in stärkerem Maße als für die Repräsentationen, die zumindest teilweise eine inter-subjektive Prüfung gestatten.

Blindsehen und nicht-bewusste Verarbeitung. Neben den Wahrnehmungsillusionen ist die nicht-bewusste Verarbeitung von Sinnesdaten ein zweites Beispiel für die Unabhängigkeit der Repräsentation von der Empfindung. Einige Sinnesdaten repräsentieren die Umgebungsmerkmale in objektiver Weise – was sich an der akkuraten Verwendung dieser Sinnesdaten im Handlungsvollzug erweist – aber ohne dass die entsprechende Repräsentation von einer (passenden) Sinnesempfindung begleitet wird. Ein Beispiel ist das Blindsehen (engl. „blindsight"). Larry Weiskrantz und seine Kollegen (1974) fanden bei einem Patienten mit Schädigung der Großhirnrinde eine partielle Blindheit: Bestimmte Gebiete des Gesichtsfeldes konnte der Patient nach eigenen Angaben nicht sehen (sogenannte **Skotome**). Obwohl der Patient die Umgebung in den Bereichen der Skotome nicht sah, konnte er erfolgreich auf Objekte zeigen, die ihm im Bereich der Skotome gezeigt wurden. Bei Patienten mit Blindsehen wird also durch die erfolgreichen Handlungen objektiv nachweisbar die Umgebung repräsentiert, aber offensichtlich unabhängig von der typischen Empfindung des Sehens.

Terminologie. Abschließend möchten wir einige Anmerkungen zur hier verwendeten Terminologie machen.

(1) Unter den Wahrnehmungsresultaten oder -inhalten haben wir zwischen Repräsentationen und Empfindungen unterschieden. Natürlich könnte man auch denselben Begriff für beide Wahrnehmungsinhalte verwenden. Man könnte z. B. „subjektive Empfindungen" von „objektivierbaren Empfindungen" unterscheiden oder „subjektive Repräsentationen" von „objektiven Repräsentationen". Wichtig ist die präzise Unterscheidung zwischen den verschiedenen Wahrnehmungsinhalten, nicht welche Begriffe die Unterscheidung ermöglichen. Unser Begriffspaar sollte jedenfalls einer Verwechslung der unterschiedlichen Wahrnehmungsresultate vorbeugen.

(2) Manche Autoren verwenden den Begriff der Wahrnehmung ausschließlich für Wahrnehmungsvorgänge, die von Empfindungen, also qualitativen und daher bewussten Wahrnehmungsinhalten begleitet werden. Im Gegensatz zu dieser Begriffsbestimmung umfasst unsere Wahrnehmungsdefinition auch Vorgänge, die nicht zu den sinnestypischen, erwartbaren Empfindungen führen. Eine Implikation unserer Definition ist, dass Wahrnehmung auch nicht-bewusste Inhalte aufweisen kann, denn Repräsentationen können auch ganz ohne dem Sinnesorgan entsprechende Empfindungen, also ohne Bewusstsein für die Wahrnehmung, resultieren. Ein Beispiel ist das oben beschriebene Blindsehen.

(3) Historisch ist der Begriff der Empfindungen von Wilhelm Wundt (1896) und Vertretern der Bewusstseinspsychologie enger definiert worden. Wundt bezeichnete die Empfindungen als die einfachen Bausteine, aus denen der komplexere Wahrnehmungseindruck in seiner Gesamtheit zusammengesetzt wird. In unserer Begriffsbestimmung verstehen wir unter Empfindungen hingegen die subjektiven Eindrücke, die als Wahrnehmungsinhalt aus dem Wahrnehmungsvorgang resultieren, ohne dass wir damit behaupten, dass diese Empfindungen einfacher sind oder zeitlich früher erfolgen als komplexere Wahrnehmungsinhalte. Ganz im Gegenteil. Wir denken, dass auch komplexen Wahrnehmungsinhalten ganz bestimmte (wenn auch weniger leicht zu benennende) Empfindungen entsprechen können und dass es keinesfalls zwingend ist, dass einfache Empfindungen bestimmter Merkmale den ersten Schritt in der Sequenz der Wahrnehmungsvorgänge bezeichnen.

1.3   Aufmerksamkeit als Selektivität der Wahrnehmung

Selbst Repräsentationen sind keine exakten Kopien der objektiv messbaren Umgebungseigenschaften: Sie sind selektiv und enthalten nur ausgewählte Merkmale der Umgebung. Diese Auswahl, also was repräsentiert werden kann, hängt von der Empfindlichkeit der Wahrnehmungsorgane für die Umgebungsmerkmale ab. Das menschliche Auge ist z. B. empfindlich für elektromagnetische Wellen mit einer Länge von ca. 370 bis zu ca. 750 Nanometer. Wellenlängen, die außerhalb dieses Bereiches liegen, werden, obwohl sie mit geeigneten Geräten objektiv nachgewiesen werden können, vom Menschen nicht unmittelbar repräsentiert und damit auch nicht gesehen. Viele Merkmale, wie die magnetische Feldrichtung, nehmen Menschen in ihrer Gesamtheit nicht unmittelbar wahr, obwohl andere Arten (etwa Vögel) dazu in der Lage sind.

Die Empfindlichkeit der Sinnesorgane für verschiedene Umgebungsmerkmale ist außerdem nicht fix, sondern schwankt über die Zeit. Das kann verschiedene Ursachen haben, etwa Gewöhnung oder Ermüdung. Häufig haben die zeitlichen Schwankungen der Wahrnehmung aber auch den Charakter der Konsequenz einer mehr oder minder willentlichen Auswahl relevanter Wahrnehmungsgegenstände durch den Wahrnehmenden. In der Empfindung erscheinen daher immer einige Merkmale deutlicher oder hervorgehoben zu sein, wohingegen andere Merkmale subjektiv undeutlicher erscheinen und weniger leicht bemerkt oder erinnert werden. Die entsprechenden Empfindungsunterschiede werden manchmal mit der Metapher vom Vorder- versus Hintergrund des Wahrnehmungseindrucks oder von Peripherie versus Zentrum bezeichnet (vgl. James, 1890). Die deutlichen Umgebungsmerkmale sind dabei diejenigen im Vordergrund (oder im Zentrum) der Empfindung, die undeutlichen diejenigen im Hintergrund (oder in der Peripherie) der Empfindung.

Datenbeschränktheit vs. Kapazitätsbeschränktheit. Um auch begrifflich zwischen zeitlich stabilen und instabilen Ursachen der Selektivität von Repräsentationen zu unterscheiden, verwendeten Shiffrin und Schneider (1977) die Begriffe der Datenbeschränktheit der psychischen Verarbeitung für die zeitlich fixen Empfindlichkeitsgrenzen von Repräsentationen einerseits, und der Kapazitätsbeschränktheit psychischer Verarbeitung für die zeitlich variable Selektivität von Repräsentationen andererseits. Diese Unterscheidung ist hilfreich, weil sie es erlaubt, deutlich zwischen zwei Ursachen von Selektivität zu unterscheiden. Die Unterscheidung enthält aber auch eine Annahme über die Ursache der zeitlich variablen Selektivität, die nicht zutreffen muss. Der Begriff der kapazitätsbeschränkten Verarbeitung führt die zeitlich variable Selektivität auf die begrenzte zentrale psychische Verarbeitungskapazität als Ursache zurück. Wir werden sehen, dass die zentrale Verarbeitungskapazität aber nicht die einzige denkbare Ursache zeitlich variabler Selektivität ist.

Zunächst betrachten wir aber ein Beispiel für die zeitlich variable Selektivität der Repräsentationen. Betrachten wir noch einmal die Abbildung 1.1. Der Betrachter sieht dort stets nur eine von zwei möglichen dreidimensionalen Würfelformen. Entweder den Würfel mit dem linken großen Rechteck als nach unten geneigte vordere Würfelfläche. Dieser Eindruck wird in der Mitte von Abbildung 1.1 illustriert, wo die entsprechende Vorderseite des Würfels schwarz gefärbt ist. Oder der Betrachter sieht den Würfel mit dem rechten großen Rechteck als nach oben gekippt. Das ist durch Schwarzfärbung der entsprechenden Vorderseite des nach oben geneigten Würfels ganz rechts in Abbildung 1.1 dargestellt. Die jeweils alternative dreidimensionale Ansicht ist nicht gleichzeitig gegeben.

Aufmerksamkeit. Diese und andere Arten der Selektivität der Wahrnehmung über die Zeit bezeichnet man auch als Aufmerksamkeit. Aufmerksamkeit ist also keine Erklärung für die Selektivität der Wahrnehmung: Sie ist kein Mechanismus, der die Selektivität der Wahrnehmung verursacht und daher erklärt. Aufmerksamkeit ist ein beschreibender Begriff, der verschiedene Formen der Selektivität der Wahrnehmung bezeichnet. Das ergibt sich schon daraus, dass die Aufmerksamkeit häufig eine doppelte Selektion bezeichnet, bei der die Auswahl eines Merkmales ganz unterschiedlichen Zwecken dienen kann. Der Betrachter kann beispielsweise eine ihm bekannte Objektfarbe verwenden, um gesuchte Objekte zu finden, oder er kann dieselbe ihm bekannte Objektfarbe verwenden, um die Objekte zu ignorieren. Die Selektion anhand desselben

Merkmals Farbe zielt im ersten Fall auf die Wahrnehmung der Farbe ab und soll sie im zweiten Fall verhindern. Ganz offensichtlich ergeben sich die unterschiedlichen Zwecke, hier des Suchens oder Ignorierens ein und desselben Merkmals, nicht ohne Weiteres aus einem einzigen allgemeinen Merkmal der Selektivität. Die Selektivität, als kennzeichnendes Merkmal der Aufmerksamkeit, kann aufgrund ihrer variablen Bindung an unterschiedliche Zwecke nicht selber als Erklärung gelten, sondern wirft die Frage nach ihrer Ursache auf.

Kapazität. In der Forschung diskutiert man zwei unterschiedliche Ursachen der Aufmerksamkeit (Neumann, 1991). Nach der Kapazitätstheorie (engl. „capacity theory" oder „resource theory") ist die Wahrnehmung selektiv, weil das Fassungsvermögen (oder die Kapazität) des Geistes begrenzt ist. So wie eine Literflasche nur einen Liter Flüssigkeit aufnimmt und ein zweiter Liter daneben laufen würde, so repräsentiert und empfindet der begrenzte Geist nur einen Teil der Umgebung. Die Kapazitätstheorie ist eine Mangeltheorie der Wahrnehmung. Selektivität ergibt sich nach der Kapazitätstheorie zwangsläufig aus einem mangelnden geistigen Fassungsvermögen. Diese Erklärung von Selektivität liegt auch der Begriffswahl der Kapazitätsbeschränktheit psychischer Repräsentationen von Shiffrin und Schneider (1977) zugrunde.

Tätigkeitstheorie. Anders verhält es sich mit der Tätigkeitstheorie der Aufmerksamkeit (engl. „selection for action theory"). Die Tätigkeitstheorie erachtet die Selektivität des Geistes als Errungenschaft, nicht als Mangel. Die Selektivität oder Aufmerksamkeit ermöglicht nach dieser Theorie erst erfolgreiche Tätigkeiten. Der „Engpass" liegt nicht im Bereich der geistigen Kapazitäten, sondern auf der Ebene der körperlichen Effektoren, z. B. bei den Einschränkungen, die sich aus einer begrenzten Zahl und Eignung beweglicher Gliedmaßen ergeben. Allport (1987) hat dieses Prinzip am Beispiel der Auswahl eines Apfels von einem Apfelbaum beschrieben. Damit ein Mensch einen Apfel vom Baum pflücken kann, muss der zu ergreifende Apfel unter allen anderen Äpfeln ausgewählt oder selegiert werden. Da ja nur maximal zwei Hände zu diesem Zweck verfügbar sind, muss die genaue Position und Größe eines Apfels ausgewählt werden, damit der Apfel erfolgreich ergriffen werden kann.

Greifen ist natürlich nur ein Beispiel, und tätigkeitssteuernde Selektion ist häufig erforderlich. Vor allem weil der Wahrnehmungsvorgang selbst eine Tätigkeit ist. So erfolgen Kopf- und Augenbewegungen fast während eines jeden visuellen Wahrnehmungsvorganges. Zielgerichtete Kopf- und Augenbewegungen verlangen die Selektion der als nächstes anzuschauenden Position. Rizzolatti et al. (1994) machten beispielsweise in ihrer **Prämotortheorie der Aufmerksamkeit** diese Auswahl der Position des nächsten Blickzieles für räumlich-selektive Aufmerksamkeit verantwortlich.

1.4 Die historische Entwicklung der Wahrnehmungs- und Aufmerksamkeitsforschung

Die moderne Wahrnehmungs- und Aufmerksamkeitsforschung hat ihren Ursprung im 19. Jahrhundert. Vor (und natürlich auch nach) dem Beginn der akademischen Psychologie als eigenständiger Disziplin Ende des 19. Jahrhunderts, befassten sich Physiologen, wie Johannes Peter Müller (*1801, †1858) oder Hermann von Helmholtz, und Philosophen, wie Franz Brentano, mit Wahrnehmung und Aufmerksamkeit. Der Physiologe Johannes Peter Müller formulierte 1826 beispielsweise das Gesetz der spezifischen Sinnesenergien, nach dem das gereizte Sinnesorgan die Qualität des Sinneseindrucks bestimmt. So wird selbst ein Druck, der auf das Auge ausgeübt wird, gesehen (als „Sternchen").

Verdeckte Verlagerungen der Aufmerksamkeit – Hermann von Helmholtz. Einen herausragenden Beitrag zur frühen Aufmerksamkeitsforschung lieferte ein Schüler Müllers, der Physiologe und Physiker Hermann von Helmholtz. Helmholtz lieferte erste Belege für die Existenz der **„verdeckten"** Verlagerung der visuellen Aufmerksamkeit, d. h. für räumlich-visuelle Selektion, die ohne begleitende Blick- oder Kopfbewegung erfolgte. Für diesen Nachweis konstruierte Helmholtz einen auf der Innenseite schwarzen Kasten mit Guckloch. Auf die innere Seite des lichtundurchlässigen Kastens, dem Guckloch gegenüber, klebte Helmholtz eine Zeitungsseite. Die Zeitungsseite war bei Betrachtung durch das Guckloch nicht zu sehen, bis Helmholtz das Kasteninnere für den Bruchteil einer Sekunde durch einen Zündfunken erhellte. Die entscheidende Manipulation in dieser Anordnung bestand in der Richtung der verdeckten Aufmerksamkeit. Die Richtung der Aufmerksamkeit wurde manipuliert, indem die Versuchsperson gebeten wurde, ihre Aufmerksamkeit entweder auf die betrachtete Position in der Mitte der Kastenrückwand zu richten oder auf die nicht betrachtete Position an der Oberkante der Rückseite des Kastens. Bei Aufmerksamkeits- *und* Blickrichtung geradeaus, durch das Guckloch und auf die Mitte der Zeitungsseite, waren Sätze in der Mitte der Zeitungsseite lesbar, nicht aber Sätze in der Titelzeile. Bei Blickrichtung geradeaus in die Mitte der Zeitungsseite und Aufmerksamkeitsrichtung auf die Titelzeile war es hingegen umgekehrt. Nun war die Titelzeile lesbar, nicht aber eine Zeile in der Mitte der Zeitungsseite. Diese einfache Anordnung bewies die Existenz der räumlichen Aufmerksamkeit, denn letztere wurde offensichtlich unabhängig vom Blick geradeaus nach oben verlagert. Daher zeigte der Versuch, dass die räumliche Selektivität des Sehens nicht nur ein Resultat des eingeschränkten Blickfeldes ist.

Donders' mentale Chronometrie. Mit mentaler Chronometrie bezeichnen wir heute ein Forschungsprogramm, das auf die Identifikation von Teilabschnitten des geistigen Geschehens abzielt. Einer der Pioniere der mentalen Chronometrie der Wahrnehmung war Cornelis Donders (*1818, †1889). Donders untersuchte in einer im Jahr 1868 veröffentlichten Arbeit die Dauer bis zur Repräsentation (oder die Latenz) der Wahrnehmung. Hierfür zerlegte er die psychische Verarbeitung während des Wahrnehmungsvorgangs in Teilschritte und schätzte die Dauer dieser Teilschritte mit einer ebenso einfachen wie genialen Methode.

Donders verwendete drei Aufgaben, die er als a-Reaktionen, b-Reaktionen und c-Reaktionen bezeichnete. Diese Aufgaben unterschieden sich jeweils in einem Teilschritt der psychischen Verarbeitung voneinander. Unter der Annahme, dass ein Teilschritt der psychischen Verarbeitung nur dann ausgeführt wird, wenn die Aufgabe diesen zwingend verlangt, und dass der entsprechende Teilschritt, ohne mit den anderen Teilschritten zu interagieren, vollständig in den Ablauf der Verarbeitung eingesetzt wird, konnte Donders durch den Vergleich der Antwortzeiten zwischen den Aufgaben den Zeitbedarf der entsprechenden aufgabenspezifischen Teilschritte schätzen. Diese Schätzung erfolgte mit Hilfe der Subtraktionsmethode: durch Subtraktion der mittleren Antwortzeit in einer einfacheren Aufgabe von der mittleren Antwortzeit in der nächst schwierigeren, um einen Teilschritt längeren Aufgabe.

Die einfachste Aufgabe, die Donders verwendete, war die a-Aufgabe. Bei der a-Aufgabe musste die Versuchsperson so schnell wie möglich eine Taste drücken, sobald ein visueller Reiz gezeigt wurde. Heute würde man die a-Aufgabe als **Detektionsaufgabe** bezeichnen. In der a-Aufgabe erwartete Donders die niedrigsten Reaktionszeiten, da die a-Aufgabe seines Erachtens nur aus zwei Teilschritten besteht: einer Detektion und der Ausführung einer Reaktion. Die nächstanspruchsvollere Aufgabe war die sogenannte c-Aufgabe. Bei der c-Aufgabe musste die Versuchsperson zwischen zwei verschiedenen visuellen Reizen unterscheiden, denn nur bei einem von zwei Reizen sollte die Versuchsperson so schnell wie möglich eine Taste drücken. Auf den zweiten der beiden Reize sollte sie hingegen nicht reagieren. Heute würde man die c-Aufgabe als **Go/No Go-Aufgabe** bezeichnen. Donders nahm an, dass sich die psychische Verarbeitung während der c-Aufgabe im Zeitbedarf für die Teilschritte der Reizdetektion und der Reaktion in keiner Weise von der Verarbeitung während der a-Aufgabe unterscheidet. Die c-Aufgabe verlangte von den Versuchspersonen aber einen zusätzlichen Teilschritt, eine Reizunterscheidung oder Reizdiskrimination, um zwischen zu beantwortendem und nicht zu beantwortendem Reiz zu unterscheiden. Durch Subtraktion der Antwortzeit in der leichteren a-Aufgabe von der Antwortzeit in der um einen Teilschritt schwierigeren c-Aufgabe, ermittelte Donders daher den Zeitbedarf einer Reizdiskrimination. Das ist in Abbildung 1.2 dargestellt.

Noch einen Teilverarbeitungsschritt mehr als für die Leistung in der c-Aufgabe benötigt die Versuchsperson für die Leistung in der b-Aufgabe. Wie in der c-Aufgabe muss die Versuchsperson in der b-Aufgabe zwischen zwei verschiedenen visuellen Reizen unterscheiden, denn beide verlangen einen jeweils anderen Tastendruck. Aber weil beide Reize in der b-Aufgabe eine je andere Tastenantwort verlangen, muss über die Anforderungen der c-Aufgabe hinaus in der b-Aufgabe auch zwischen zwei Reaktionen gewählt werden. Heute würde man die b-Aufgabe als **Wahlreaktionsaufgabe** (engl. „choice reaction task" oder kurz **CRT**) bezeichnen. Donders nahm an, dass sich die psychische Verarbeitung während der b-Aufgabe nur um den zusätzlichen Teilschritt der Reaktionsunterscheidung von der c-Aufgabe unterscheidet. Durch Subtraktion der Antwortzeit in der leichteren c-Aufgabe von der Antwortzeit in der um einen Teilschritt schwierigeren b-Aufgabe, ermittelte Donders daher den Zeitbedarf einer Reaktionsdiskrimination. Das ist in Abbildung 1.3 dargestellt.

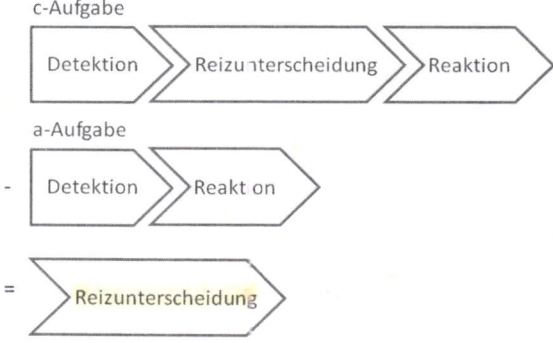

Abbildung 1.2: Durch Subtraktion der Antwortzeit in der a-Aufgabe von der Antwortzeit in der c-Aufgabe erhält man unter der Annahme einer Additivität der Teilverarbeitungszeiten zur Gesamtantwortzeit eine Schätzung der Dauer der Reizdiskrimination.

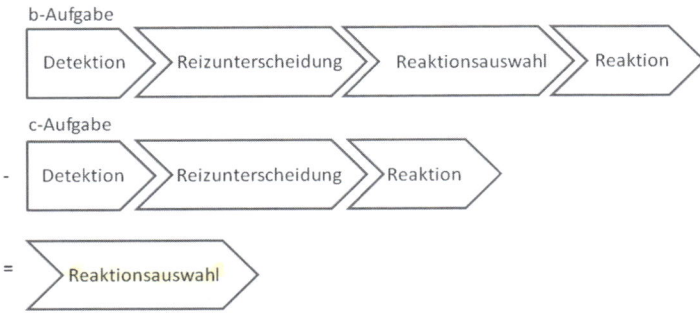

Abbildung 1.3: Durch Subtraktion der Antwortzeit in der c-Aufgabe nach Donders von der Antwortzeit in der b-Aufgabe nach Donders erhält man unter der Annahme einer Additivität der Teilverarbeitungszeiten zur Gesamtantwortzeit eine Schätzung der Dauer der Reaktionsauswahl.

Einige der Annahmen Donders waren aus heutiger Sicht zu einfach. Moderne Theorien der Wahrnehmung nehmen Interaktionen zwischen Teilschritten der Verarbeitung an. In Wahrnehmungsmodellen, die durch hirnseitige Verarbeitungsprinzipien in Nervenzellen oder **Neuronen** inspiriert sind, wird z. B. die Annahme einer strikten Serialität der Verarbeitungsstufen, beginnend mit einem sensorischen Eingangssignal und endend mit einem motorischen Ausgangssignal, nicht mehr aufrecht erhalten. Vielmehr lassen massive multiple Verbindungen zwischen Neuronen im Gehirn parallele psychische Verarbeitung auf mehreren Stufen sehr wahrscheinlich erscheinen. Auch Phänomene der Reiz-Reaktionskompatibilität, wie die Erleichterung der Reaktionsauswahl durch die mit den Reaktionsmerkmalen übereinstimmenden Merkmale der Reize, widersprechen den Annahmen Donders, dass die Teilschritte der Verarbeitung völlig unabhängig voneinander geschätzt werden können.

Donders Beitrag zur Wahrnehmungsforschung ist trotzdem nicht zu unterschätzen. Sehr ähnliche Überlegungen wie Donders sie zur Schätzung der Leistungszeiten von Teilschritten der Verarbeitung anwandte, wurden Jahrzehnte nach Donders z. B. in der Forschung zur Leistung in visueller Suche angewendet. Wenn auch nicht alle Annahmen von Donders bestätigt werden konnten, beschäftigt die mentale Chronometrie die Forscher bis heute.

Helmholtz' funktionalistische Wahrnehmungstheorie. Ein zweiter bedeutender Beitrag von Hermann von Helmholtz war seine Wahrnehmungstheorie. Darin nahm Helmholtz eine frühe funktionalistische Perspektive ein.

Funktionalistische Wahrnehmungstheorien thematisieren vornehmlich Repräsentationen und erklären oder formalisieren, wie Repräsentationen zustande kommen. Funktionalistische Wahrnehmungstheorien beschäftigen sich also mit den objektiven Resultaten der Wahrnehmung. Beispielhaft für diesen Ansatz sind die im Handbuch der Physiologischen Optik von Helmholtz (1867) festgehaltenen Formeln zur Berechnung der Schärfe des mit zwei Augen gewonnenen (binokularen) Seheindrucks: Helmholtz berechnete diese Sehschärfe aus dem Betrachtungsabstand (zwischen Betrachter und Gegenstand), dem Bildabstand (zwischen Augenlinse und Retina), der fokussierten Tiefenebene im Raum und der Abweichung zwischen den einander entsprechenden Stellen auf den zwei Augennetzhäuten, die durch den selben Bild- oder Umgebungspunkt stimuliert werden.

In seiner Theorie bemühte Helmholtz sich hingegen nicht um eine Erklärung der Empfindungen, also der qualitativen und nur subjektiven Merkmale des Wahrnehmungsresultates. Vielmehr entwickelte Helmholtz auf der Basis seiner funktionalistischen Wahrnehmungstheorie eine Erklärung dafür, dass Empfindungen wenig Ähnlichkeit mit den objektiven Eigenschaften von Repräsentationen aufweisen müssen. In einem seiner populärwissenschaftlichen Aufsätze verglich Helmholtz die Leistungen des menschlichen Auges mit denen einer Kamera (Camera obscura). Helmholtz listet in dem Aufsatz zahlreiche Mängel auf, die nur das Auge aufweist, nicht aber die Kamera. So streut der Glaskörper des Auges durch intransparente Einschlüsse das Licht stärker als die vollkommen transparente Linse der Kamera, und nur das Auge besitzt dort, wo Blutgefäße in die Netzhaut eintreten, einen blinden Fleck, der gänzlich unempfindlich für das an dieser Stelle einfallende Licht ist (vgl. Abbildung 1.4).

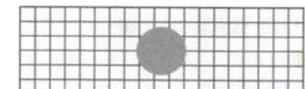

Abbildung 1.4: Den blinden Fleck bemerken wir nicht. Die visuelle Wahrnehmung wird am blinden Fleck auf Basis des den Fleck umgebenden visuellen Musters abgeschätzt und vervollständigt. Die zugrundeliegenden Prozesse finden im Gehirn statt. Das illustriert die Abbildung. Anleitung: Bitte das linke Auge schließen und mit dem rechten den schwarzen Punkt links fixieren. Beginnen Sie mit einem Abstand von ca. 15 cm zum Bild. Bei zunehmender Vergrößerung des Abstands, können Sie sehen, dass der fehlende Teil des Gitters (die graue Scheibe) an der Stelle des blinden Flecks ersetzt oder ergänzt wird, obwohl keine visuellen Daten an dieser Stelle der Retina übertragen werden.

In diesen Mängeln des menschlichen Auges erkennt Helmholtz aber keinen Nachteil, solange die für ein Überleben entscheidenden Unterscheidungen zuverlässig getroffen werden können. Das Sehen muss also keine exakte Kopie der Umgebung liefern. Es ist für die Arterhaltung hinreichend, wenn verhaltensnotwendige Unterscheidungen mit Sicherheit und eindeutig getroffen werden können. Es ist nicht notwendig, dass diese Unterscheidungen mit Hilfe von Merkmalen getroffen werden, die denen ähneln, die in der Umgebung tatsächlich vorliegen. Die funktionalistische Wahrnehmungstheorie macht verständlich, warum Illusionen möglich und nicht schädlich sind: Qualitative Empfindungen dürfen Eigenschaften aufweisen, die nicht selbst auf die Umgebung zurückgeführt werden können, denn ihren Zweck erfüllt die Wahrnehmung solange *Unterschiede* zwischen Repräsentationen die zuverlässige Unterscheidung zwischen handlungsrelevanten Umgebungsmerkmalen erlauben.

Phänomenologie. Die zur funktionalistischen Perspektive komplementäre Frage der Wahrnehmungsforschung nach den qualitativen Empfindungen wurde in der Phänomenologie des Philosophen Franz Brentano (*1838; †1917) behandelt. Brentano (1874) bezeichnete die Lehre von den (subjektiven und privaten) Erscheinungen im Bewusstsein als Phänomenologie. Für Brentano hatte die Untersuchung der subjektiven Erscheinungen hohe Priorität, weil Repräsentationen und Empfindungen im oben definierten Sinn gemeinsam zu den Erscheinungen beitragen, auf die die empirische Naturwissenschaft sich in Form der Beobachtungen stützt. Nach Brentanos Auffassung muss der Zusammenhang der objektiven Gegebenheiten und ihrer subjektiven Erscheinungen geklärt werden, damit die naturwissenschaftliche Methode erfolgreich angewandt werden kann.

Brentanos herausragender Beitrag zur Wahrnehmungsforschung bestand darin, die **intentionale Inexistenz** als gemeinsames Merkmal aller Bewusstseinserscheinungen heraus zu arbeiten. Mit intentionaler Inexistenz bezeichnete Brentano, dass jegliche Bewusstseinserscheinung durch eine Gemeinsamkeit gekennzeichnet ist: die geistige Bezugnahme (von Brentano als „Intention" bezeichnet) auf ein inexistentes (d. h. geistiges) Objekt. Unsere oben gegebene Definition der Wahrnehmung, als aktive Teilnahme des Geistes an seiner gegenwärtigen Umgebung, deckt sich mit derjenigen von Phänomenologen: Nach Brentano unterscheiden sich typische Formen intentionaler Inexistenz, wie Wahrnehmen einerseits und Vorstellen andererseits, z. B. gerade hinsichtlich der Gegenwart des Objektes (in der Wahrnehmung, nicht aber in der Vorstellung).

Brentano wurde widersprochen. Es wurde z. B. kritisiert, dass Bewusstseinserscheinungen wie Schmerz keine inexistenten Objekte intendieren. Doch Anfang des 20. Jahrhunderts erlebte die Phänomenologie, insbesondere in Europa, zunächst eine Blütezeit. Trotz dieser frühen Erfolge wurde das von Brentano angestoßene phänomenologische Projekt einer Beschreibung der Binnenstruktur der Empfindungen – als solche bezeichnen wir die phänomenalen Erscheinungen im vorliegenden Buch – bis heute nicht abgeschlossen. Auch darin liegt ein Grund für das Qualiaproblem oder die Erklärungslücke: Solange wir nicht beschrieben haben, worin die qualitativen Eigenschaften der Empfindungen bestehen, können wir die notwendigen und hinreichenden Bedingungen zur Erklärung von Empfindungen nicht mit Sicherheit bestimmen.

Damit endet unser kurzer Überblick über die vor-psychologischen Wurzeln der Wahrnehmungsforschung.

📖 Vertiefungsempfehlung

Kapitel 3 ‚Attention and Consciousness' und Kapitel 4 ‚Perception', in: Sternberg, R. J. (2007). *Cognitive Psychology (4th edition)*. Belmont, CA: Wadsworth.

2 Von der Bewusstseinspsychologie zu den Kognitions-Neurowissenschaften

In diesem Kapitel schildern wir die historische Entwicklung der wissenschaftlichen Wahrnehmungspsychologie von ihren Ursprüngen in der Bewusstseinspsychologie des ausgehenden 19. Jahrhunderts, über die Gestaltpsychologie, die ökologische Wahrnehmungstheorie Gibsons und die Kognitionspsychologie, bis zu den gegenwärtig dominierenden Kognitionsneurowissenschaften. Das Kapitel schließt mit einer Diskussion der aktuell vertretenen evolutionspsychologischen Perspektive in der Wahrnehmungspsychologie.

2.1 Bewusstseinspsychologie

Ende des 19. Jahrhunderts führte eine der Phänomenologie verwandte Idee zur Begründung der Psychologie als eigenständige Disziplin durch den Philosophen Wilhelm Wundt (*1832; †1920), einem Schüler von Hermann von Helmholtz. Wundt (1896) definierte die Psychologie als Lehre von der unmittelbaren Erfahrung, so wie sich diese im Bewusstsein darstellt. So grenzte Wundt die Psychologie von anderen akademischen Disziplinen ab, die von unmittelbarer Erfahrung absehen und stattdessen auf mittelbare Erfahrung als adäquate Repräsentation der Gegenstände Bezug nehmen, wie etwa die Physik.

Im Gegensatz zu Brentano ging es Wundt bei der Erforschung der Psyche nicht um die erkenntnistheoretischen Fundamente empirischer Wissenschaften. Wundt interessierte das Bewusstsein, unabhängig von den Erkenntnismöglichkeiten alternativer empirischer Disziplinen, die auf Beobachtungen zurückgreifen.

Die von Wundt vertretene **Bewusstseinspsychologie** war einige Zeit in der Psychologie dominierend. Nach dem Dogma der Bewusstseinspsychologie setzen sich komplexe Wahrnehmungseindrücke aus ihren Elementen, den einfachen Sinnesempfindungen, zusammen. Dieser Vorgang, der mit der bewussten

Wahrnehmung zum Abschluss kommt, wurde von Bewusstseinspsychologen mit dem auf Leibniz zurückgehenden Begriff der „Apperzeption" bezeichnet.

Apperzeption. Die Apperzeptionstheorie ist eine Wahrnehmungs- *und* eine Aufmerksamkeitstheorie. Der Aufmerksamkeit kommt bei der Apperzeption nämlich die Rolle der schöpferischen Kraft, gleichsam der Türhüterin des Bewusstseins zu: Gegenstände, die mit Aufmerksamkeit bedacht werden, erhalten demnach zumindest früheren Zugang zum Bewusstsein als Gegenstände, die nicht mit Aufmerksamkeit bedacht werden. Das wurde durch die Komplikationsexperimente belegt, die Wundt und seine Schüler ab 1861 durchführten. Im Komplikationsexperiment hört und fühlt die Versuchsperson einen Reiz. Sie hört etwa einen Glockenton. Die Versuchsperson hat dann die Aufgabe, das Verhältnis der Zeitpunkte ihrer Hör- oder Fühlwahrnehmungen einzuschätzen und mitzuteilen. Dazu sieht die Versuchsperson eine Uhr mit fortlaufendem Zeiger und die Versuchsperson gibt an, wo sich der Zeiger zum Zeitpunkt der jeweiligen Wahrnehmung auf dem Ziffernblatt befunden hat. In den Komplikationsexperimenten zeigte sich, dass die Versuchsperson vorhersagbare (weil rhythmisch wiederholte) gehörte Reize zeitlich früher wahrnimmt als nicht vorhersagbare Reize (die zu Beginn des Experimentes gehört wurden). Dieses Ergebnis wurde von Wundt auf das frühere Eintreten einer Hörempfindung in das Bewusstsein als Folge der Zuwendung von Aufmerksamkeit zurückgeführt.

Wundt unterschied zwischen willkürlicher und unwillkürlicher Aufmerksamkeit. Die willkürliche Aufmerksamkeit ist willensgesteuert. Sie dient dazu, die Gegenstände zu beachten und wahrzunehmen, die vom Wahrnehmenden für relevant gehalten werden. Die willkürliche Aufmerksamkeit stellt so einen kleinen zeitlichen Vorteil für die Wahrnehmung aktuell als wichtig eingeschätzter Gegenstände sicher. Die willkürliche Ausrichtung der Aufmerksamkeit auf den Startschuss hilft z. B. dem Hundertmeterläufer, den Schuss schneller zu hören und früher aus dem Startblock zu schnellen.

Mit unwillkürlicher Aufmerksamkeit bezeichnete Wundt hingegen Fälle, in denen Gegenstände die Aufmerksamkeit anziehen, obwohl die Beachtung nicht willentlich angestrebt wird. Unwillkürliche Aufmerksamkeit stellt sicher, dass auch Gegenstände schnell gesehen werden, die der Betrachter nicht erwartet. Das bietet ebenfalls Vorteile, z. B. wenn das Donnern einer herabfallenden Lawine die Aufmerksamkeit des Bergwanderers unwillkürlich auf die unerwartete Bedrohung lenkt und ein Ausweichen ermöglicht.

2.2 Gestaltpsychologie

Stärkeren Bezug auf phänomenologisches Gedankengut als Wundt nimmt die historisch spätere Schule der **Gestaltpsychologie**. Brentanos Schüler, Christian von Ehrenfels, gilt als Begründer der Gestaltpsychologie. Ehrenfels beobachtete, dass sich die Elemente des Wahrnehmungseindruckes „übersummativ" verhalten, das Ganze des Wahrnehmungsinhaltes also mehr ist als die Summe seiner Teile. Die Gestaltpsychologen wandten sich so gegen die Wundt'sche Lehre von der mechanischen Kombination elementarer Empfindungen. Ehrenfels erläutert die Übersummativität am Beispiel gehörter Harmonien. Die gehörte Harmonie ist das Ergebnis der Integration der zeitlich separierten Töne. Die Töne werden also nicht als Einzelelemente mechanisch aneinander gereiht, sondern sie werden zu einem Ganzen, der sogenannten Gestalt, zusammengefasst wahrgenommen. Ähnlich wie Brentano zielt Ehrenfels auf allgemeine Merkmale der Wahrnehmung ab, die jeglichen bewussten Wahrnehmungsinhalt kennzeichnen.

Ding und Medium. Brentanos Idee der Intentionalität wurde vom Gestaltpsychologen Fritz Heider (*1896; †1988) aufgegriffen. Heider war Schüler von Alexius Meinong in Graz, der selber wiederum Brentanos Schüler war. Heider ermittelte „Ding" und „Medium" als Entsprechungen von inexistentem Objekt einerseits und von Intention (im Sinne Brentanos) andererseits. Heider stellte sich die für Gestaltpsychologen typische Frage nach dem Zusammenhang von distalem und proximalem Reiz. Dabei bezeichnet der distale Reiz den Gegenstand in der Umgebung, z. B. einen Berg, und der proximale Reiz die Repräsentation des Umgebungsgegenstandes durch das periphere Sinnesorgan, beispielsweise das zweidimensionale Abbild des Berges auf der Retina.

Heider (1921/1959) fragte sich, wie die Beziehung zwischen distalem und proximalem Reiz gestaltet sein muss, damit es dem Betrachter möglich ist, einen Berg zu sehen, wenn doch nur ein zweidimensionales Lichtmuster heller und dunkler Punkte auf der Retina verfügbar ist. Heiders geniale Erklärung lautete, dass wahrgenommene Dinge (d. h. Objekte, wie z. B. ein Berg) das Muster im Medium (beim Sehen im Medium des Lichtes) strukturieren und determinieren: Beim Sehen im Besonderen (und in der Wahrnehmung im Allgemeinen) erscheinen uns die Dinge als Wahrnehmungsinhalte, weil ihre nicht-transparenten Oberflächen die Ursache der Lichtmuster darstellen. Das Licht hat hingegen nur die Rolle eines Mittlers oder Mediums, weil die Lichtmuster auf der Retina, also die proximalen Reize, nicht (oder stets gleichförmig) durch die Eigenschaften des Lichtes selbst bestimmt werden und alle veränderlichen Merkmale der Lichtmuster von den Dingen herrühren. Heiders Mediumbegriff ist in dieser Konzeption also eine Entsprechung von Brentanos phänomenaler Intention, d. h. einer „Qualität" der Bezugnahme auf das Objekt. Heiders Dingbegriff entspricht hingegen Brentanos inexistentem Objekt.

Prägnanz. Die Gestaltpsychologen entdeckten auch das Prägnanzprinzip (Wertheimer, 1923). Das Prägnanzprinzip besagt, dass jeder Wahrnehmungseindruck durch eine hervorgehobene, deutliche oder einfach zu realisierende Gestalt gekennzeichnet ist. Diese Gestalt dominiert den Wahrnehmungseindruck, obwohl andere Gestalten möglich wären. Ein Beispiel ist die Figur-Grund-Gliederung. Im Bild sehen wir in der Regel einen Vordergrund (die Figur) und einen Hintergrund. Das wiederkehrende Prägnanzprinzip wird durch eine Reihe von Gestaltgesetzen der Wahrnehmung ausgearbeitet und belegt. Einige der Prinzipien sind in Abbildung 2.1 dargestellt.

Abbildung 2.1: Unter I. (links) sieht man Scheiben und Rechtecke, obwohl die Konturen der Objekte nicht vollständig zu sehen sind. Wir nehmen die Objekte als gute Gestalten wahr (Gesetz der guten Gestalt). Unter II.a (Mitte oben) sehen wir eine Gruppe AA und darunter eine Gruppe BB. Dieses Bild illustriert den Einfluss der Ähnlichkeit auf die gesehene Zusammengehörigkeit der Elemente (Gesetz der Ähnlichkeit). Unter II.b (Mitte unten) sehen wir zwei Gruppen, beide bestehend aus A über B. Dieses Bild illustriert den Einfluss der Nähe auf die gesehene Zusammengehörigkeit der Elemente (Gesetz der Nähe). Es ist zu beachten, dass in II.a und II.b das jeweils alternative Gesetz nicht greift. In II.a wird die Gruppe A über B auf Basis der Nähe nicht gesehen. In II.b werden die Gruppen AA und BB auf Basis der Ähnlichkeit nicht gesehen. Diese Bilder illustrieren das Prägnanzprinzip: jeweils ein Gesetz oder Prinzip dominiert den Wahrnehmungseindruck. In III. sehen wir ein Rechteck, das Scheiben verdeckt. Bei der Wahrnehmung ergänzen wir das Rechteck um seine fehlenden Konturen. Diesen Vorgang nennt man „amodale Ergänzung", die resultierenden Kanten „Scheinkonturen". Die Figuren werden nach dem Gestaltpsychologen Gaetano Kanizsa „Kanizsa-Figuren" genannt. Die Kanizsa-Figuren illustrieren das Gesetz der guten Gestalt. Weitere Gestaltgesetze der Wahrnehmung basieren auf kontinuierlicher Fortsetzung, gemeinsamem Schicksal, Schließung und Symmetrie.

Das Prägnanzprinzip und die Gestaltgesetze werden manchmal kritisiert, weil sie keine Erklärungen des Wahrnehmungseindrucks darstellen. Nach unserer Auffassung handelt es sich hier um ein Missverständnis. Das Prägnanzprinzip setzt die Tradition der Phänomenologen fort: Es erklärt die Wahrnehmung nicht, sondern es beschreibt ein hervorstechendes Charakteristikum der bewussten Wahrnehmung, welches erklärt werden muss.

2.3 Gibsons ökologische Wahrnehmungstheorie

Die Ideen Heiders wurden in James Jerome Gibsons (*1904; †1979) ökologischer Wahrnehmungstheorie verallgemeinert. An die Stelle der Dinge als Ursachen der Wahrnehmung setzte Gibson (1966) die optische Anordnung (engl. „optic array").

Die optische Anordnung. Die optische Anordnung besteht aus mehreren dreidimensionalen Raumwinkeln unterschiedlicher Größe und Form, so wie sich diese Raumwinkel aus der Perspektive des Betrachters darstellen (vgl. Abbildung 2.2). Die Raumwinkel sind dabei zum Teil ineinander geschachtelt. Die Textur, als die visuelle Oberflächeneigenschaft eines einheitlichen umfassenderen Raumwinkels, besteht z. B. selbst aus kleinen Raumwinkeln unterschiedlicher Größe und Form, den Texturelementen, deren Dichte mit zunehmendem Abstand des umfassenderen Raumwinkels vom Betrachter zunimmt.

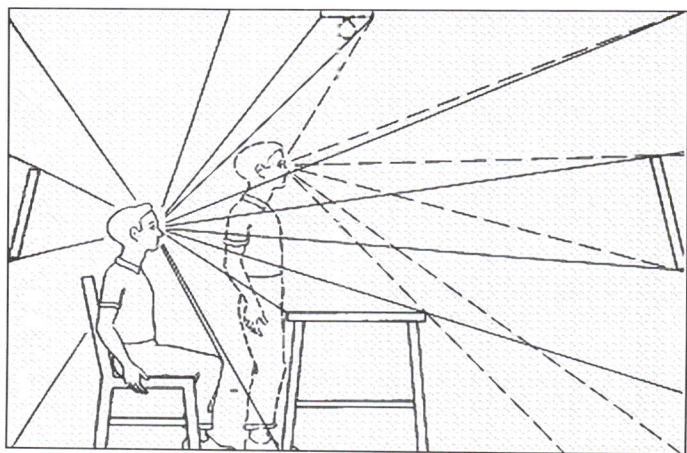

Abbildung 2.2: Illustration von Raumwinkeln nach Gibson (1966).

Eigenbewegungen des Wahrnehmenden. Die optische Anordnung umgibt den Betrachter in allen Richtungen. Daher erzeugen die Eigenbewegungen des Betrachters charakteristische Änderungen der optischen Anordnung, die über die Umgebung informieren. Bei Eigenbewegung des Betrachters gehen einige Raumwinkel außer Sicht, während andere in Sicht treten. Wie aus Abbildung 2.3 ersichtlich wird, wächst bei einer Bewegung von links nach rechts z. B. der durch die Wand ausgefüllte Raumwinkel innerhalb der optischen Anordnung vom Standpunkt des Betrachters aus. Andere Raumwinkel an den Seiten der optischen Anordnung (z. B. der Tisch im Bild links) verschwinden hingegen gleichzeitig aus dem Sichtfeld. Sehr schön kann man im Bild auch sehen, dass die Kacheln am Boden, als Texturelemente, in Abhängigkeit von der Entfernung der Gegenstände vom Betrachter, zunehmend dichter gepackt erscheinen.

Abbildung 2.3: Die umgebende optische Anordnung besteht aus Raumwinkeln unterschiedlicher Größen und Formen, die sich bewegungsabhängig verändern. Der durch die Wand im Hintergrund des linken Bildes ausgefüllte Raumwinkel wächst z. B. wenn der Betrachter sich von links nach rechts bewegt. Das kann man im Bild rechts erkennen, das die Wand nach dieser Bewegung darstellt.

Viele bewegungsbedingte Veränderungen der optischen Anordnung sind umkehrbar oder „reversibel". Wird die Eigenbewegung umgekehrt, tauchen vormals verschwundene Raumwinkel wieder auf und vormals gewachsene Raumwinkel schrumpfen erneut auf ihre ursprüngliche Größe. Wenn der Betrachter sich z. B. von rechts nach links zurück bewegt, erlebt er eine Umkehr der visuellen Ereignisse, z. B. ein neuerliches Schrumpfen der Raumwinkel, die durch die Wand ausgefüllt werden.

In der natürlichen Umgebung sind nicht alle Veränderungen reversibel. Veränderungen, wie das Vergehen (von Rauch), das Platzen oder das Zerbrechen (von Gegenständen), sind aber ebenfalls eindeutig als eben diese Vorgänge zu erkennen, gerade weil sie irreversibel sind und sich diese Ereignisse daher deutlich von reversiblen Ereignissen unterscheiden.

Optischer Fluss. Gibson bezeichnete das Muster der dynamischen Veränderungen von Raumwinkeln als optischen Fluss (engl. „optic flow") und die festen Beziehungen, die zwischen den Veränderungen der optischen Anordnung und der Umgebung bestehen, als Invarianten: Die sich verändernden Raumwinkel des optischen Flusses sind insbesondere die Texturelemente, deren Größe und Abstand für sich nähernde Objekte und Flächen wachsen und für sich entfernende Gegenstände schrumpfen.

Invarianten. Die Invarianten kennzeichnen daher den Wahrnehmungsgegenstand ebenso präzise wie die Bewegungsrichtung des Betrachters. Sie lassen die Beschaffenheit der Umgebung erkennen und sie liefern gleichzeitig Hinweise über die Richtung der Eigenbewegung des Betrachters relativ zu dieser Umgebung.

Direkte Wahrnehmung. Aber obwohl Gibson eine subjektive, weil vom Standpunkt des Betrachters egozentrische, Perspektive in den Mittelpunkt seiner Wahrnehmungstheorie stellte, bestritt er, anders als die Phänomenologen und die Gestaltpsychologen, die Bedeutung interner Repräsentationen während der Wahrnehmung beinahe vollständig. Gibson zufolge muss Information über die Umgebung nicht errechnet, erschlossen oder intern repräsentiert werden. Sie wird der Umwelt direkt entnommen (engl. „direct pickup") und ist nicht indirekt, unter Vermittlung zwischengeschalteter interner Repräsentationen, verfügbar.

Affordances oder Anbietungen. Die Wahrnehmung dient also nicht den internen Repräsentationen, sondern direkt der Handlungssteuerung und der Arterhaltung. Gibson hat das in zwei Konzepten theoretisch ausgeführt. Zum einen in seinem Konzept der „Handlungsanbietungen" (engl. „affordances"). Nach diesem Konzept besteht visuelle Objekterkennung in der Wahrnehmung der handlungsseitigen Verwendbarkeit von Objekten oder Orten, z. B. eines Platzes als Unterschlupf oder als Sitz. Zum anderen betont Gibson (ähnlich wie Helmholtz), dass die Wahrnehmung ein adaptiver Vorgang der Abstimmung (engl. „tuning") des Organismus, nicht seiner Repräsentationen, auf die Umwelt ist. Es ist daher durchaus möglich, dass Gibson sich mit dem Konzept direkter Wahrnehmung auf unbewusste visuelle Vorgänge bezieht, deren charakteristisches Kennzeichen gerade das Fehlen der sinnestypischen Empfindung, z. B. des phänomenalen Seheindrucks, ist. Gibsons Theorie mutet daher im Kern beinahe paradox an, weil Gibson sich stark auf die intuitive Plausibilität des egozentrischen phänomenalen Eindrucks seiner Leser verlässt, ohne dem

phänomenalen Eindruck eine wesentliche Rolle für die weitere psychische Verarbeitung einzuräumen.

Ökologische Wahrnehmungstheorie. Gibsons ökologische Wahrnehmungstheorie hinterfragte und korrigierte Grundannahmen der klassischen
Wahrnehmungsforschung. Zu den Grundannahmen der klassischen Wahrnehmungsforschung gehörte, dass eine hohe Kontrolle über die Bedingungen
des Wahrnehmungsvorgangs, wie sie für Laborexperimente typisch ist, nur
vorteilhaft für die Interpretierbarkeit der Ergebnisse der Wahrnehmungsforschung sein dürfte. Gibson wies hingegen darauf hin, dass der künstliche
Ausschluss einzelner Einflussfaktoren im kontrollierten Laborexperiment zu
falschen Schlussfolgerungen führt. Einflussfaktoren, die in der klassischen
Wahrnehmungsforschung außer Acht gelassen wurden, sind demnach die
Fülle der optischen Anordnung, die im Labor nur durch einzelne Elemente
vertreten wird, und die Eigenbewegungen des Betrachters, die im Labor häufig
vollständig untersagt werden.

Gibson selber generalisierte seine Überlegungen später auf den Bereich des
Fühlens. Heute wird ökologische Wahrnehmungsforschung auch in anderen
Sinnesmodalitäten, etwa beim Hören, betrieben.

2.4   Kognitionspsychologie

Bis zur Mitte des 20. Jahrhunderts wurde die Wahrnehmungs- und Aufmerksamkeitsforschung wechselweise durch unterschiedliche Denkschulen (wie
Bewusstseinspsychologie, Gestaltpsychologie oder Gibsons ökologische Wahrnehmungstheorie) dominiert. Seit ca. der Mitte des 20. Jahrhunderts ist die
Entwicklung der Wahrnehmungs- und Aufmerksamkeitsforschung durch einen
breiten Konsens, die kognitionspsychologische Perspektive, gekennzeichnet.
Mit Kognitionspsychologie wird eine an der Erforschung der Erkenntnis-
funktionen orientierte, schulenübergreifende Psychologie bezeichnet. Die Ko-
gnitionspsychologie ist methodisch rigoros. Sie stützt ihre Ergebnisse, wenn
eben möglich, auf objektive Daten. Dazu gehören Leistungsdaten, etwa die
Geschwindigkeit und die Genauigkeit bei der Unterscheidung von visuellen
Merkmalen, und physiologische Daten, z. B. die gemessene Veränderung der
Hautleitfähigkeit in Abhängigkeit von der Darbietung von Bildinhalten. Solche
Daten sind objektiv, weil sich gute Leistungen und bestimmte physiologische
Veränderungen nicht leicht willentlich vortäuschen lassen. Kognitionspsycholo-
gen teilen – passend zur methodischen Rigorosität – außerdem ein Interesse an
Repräsentationen als den wesentlichen Elementen psychologischer Erklärungen.

Psychische Informationsverarbeitung. Sehr gerne konzipieren und bezeichnen Kognitionspsychologen geistige Vorgänge als „Prozesse der Informationsverarbeitung". Nur frühe kognitionspsychologische Arbeiten wie die von George Miller (1956) benutzten aber tatsächlich die in den zwanziger Jahren des 19. Jahrhunderts entwickelte mathematische Informationstheorie. Die klassische mathematische Informationstheorie behandelt Probleme der Übertragung von Nachrichten vom Sender zum Empfänger in technischen Systemen (Weaver & Shannon, 1963). Zu den technisch-mathematischen Problemen, die dabei auftreten und durch Informationstheorie behandelt werden, gehört die Berechnung notwendiger Kanalkapazitäten zur Übertragung von Nachrichten vom Sender zum Empfänger. Als Information wird hierbei die Beseitigung von Unsicherheit bezeichnet. Die Information kann, z. B. in Form des sogenannten „Bits" als Beseitigung von Unsicherheit bei der Auswahl einer von zwei gleich wahrscheinlichen Alternativen quantifiziert werden. Mittels solcher quantifizierter Information lassen sich dann Kanalkapazitäten in Abhängigkeit der zu übertragenden Informationsmenge berechnen.

Wenn Kognitionspsychologen geistige Vorgänge als Informationsverarbeitungsprozesse bezeichnen, geschieht das heute meist in metaphorischer Form. Allgemein wird z. B. der Vorgang der Wahrnehmung als Übertragung von Information aus der Umwelt durch Sinnesorgane konzipiert. Aber was genau das bedeutet, ist unklar. Die Metapher von der Informationsverarbeitung ist in mehreren Beziehungen ungenau und daher problematisch. Ein Problem besteht in der ungenauen Definition des Empfängers (Hoffmann, 1993). Bei der Wahrnehmung entsteht das Phänomen im Bewusstsein des Wahrnehmenden. Bei der Metapher von der Übertragung von Information geht es hingegen nicht primär um Phänomene, also subjektive Empfindungen, sondern um Repräsentationen, d. h. den objektivierbaren Gehalt der Wahrnehmungsgegenstände. Da letztere auch unabhängig vom Bewusstsein bestehen können, scheint das Bewusstsein daher nicht der Empfänger der Nachricht zu sein. Welcher Teil der Psyche stattdessen als Empfänger fungiert, wird in der Informationsverarbeitungsmetapher meist offen gelassen. Als Empfänger kommt eine Vielzahl uneinheitlich abgegrenzter psychischer Teilsysteme in Frage. Die psychischen Teilsysteme werden außerdem, je nach verwendeter Methode, unterschiedlich, teils physiologisch-anatomisch, teils theoretisch-konzeptionell definiert. Beim Sehen werden z. B. Begriffe, wie „Kurzzeitspeicher", „ikonisches Gedächtnis", „visuelles System", „visuelle Hirnrinde", „visuelles Kurzzeitgedächtnis" usw. zur Bezeichnung des Empfängers verwendet. Ebenso ungenau ist das Konzept des Senders. Hier besteht das theoretische Problem darin, dass nur in wenigen untypischen Fällen von Wahrnehmung, etwa bei der zwischenmenschlichen

Kommunikation, tatsächlich ein Sender die Nachricht unabhängig vom Empfänger auswählt. In vielen anderen Fällen, z. B. bei der Wahrnehmung der Farbe
einer Blume, kann der Umweltgegenstand selbst nicht sicher als Sender bezeichnet werden. Welche Mechanismen die Nachricht, z. B. die Farbe einer Blume,
selegieren und daher als Sender bezeichnet werden können, ist unklar. In Frage
kommen langfristig wirksame Mechanismen der Artanpassung, die die Wahrnehmung überlebenswichtiger Merkmale sicherstellen, und kurzfristig wirksame Mechanismen der Verhaltenssteuerung, die einer problemspezifischen
Auswahl von Nachrichten durch den Wahrnehmenden selbst entsprechen.

2.5   Kognitionsneurowissenschaften

Im vorangegangenen Abschnitt klingt bereits an, dass die moderne Kognitionspsychologie auch das physiologische, vor allem gehirnseitige Korrelat von
Wahrnehmung und Aufmerksamkeit zu identifizieren trachtet. Dieser jüngeren
Entwicklung seit den späten Dekaden des 20. Jahrhunderts wird mit dem Begriff der Kognitionsneurowissenschaften Rechnung getragen (engl. „cognitive
neurosciences").

Im Bereich der Aufmerksamkeitsforschung waren die Arbeiten Michael Pos-
ners (*1936) seit den siebziger Jahren des 20. Jahrhunderts für diesen Ansatz
stilbildend. Posner ordnete den drei Gliedern der räumlichen Aufmerksamkeit,
der Verschiebung (engl. „shifting"), der Koppelung (engl. „engagement") und
der Entkoppelung der Aufmerksamkeit (engl. „disengagement"), mit Hilfe
neuropsychologischer Einzelfälle und Verfahren zur Aufzeichnung von Hirnaktivität je ein spezifisches neuronales oder hirnphysiologisches Korrelat zu.
Später erweiterte Posner diesen Ansatz und bemühte sich um die Identifikation
neuronaler Entsprechungen der unwillkürlichen oder reizgetriebenen (engl.
„bottom-up" oder „exogenous") und der willkürlichen oder zielgesteuerten
Aufmerksamkeit (engl. „top-down" oder „endogenous") sowie der verdeckten
und offenen Verlagerung von Aufmerksamkeit.

Die visuelle Wahrnehmung nach Marr. Die Blaupause der kognitionsneuro-
wissenschaftlichen Theorie lieferte David Marrs visuelle Wahrnehmungstheorie. Marr (1982) argumentierte für drei unabhängige Erklärungsebenen der
(visuellen) Wahrnehmung: eine deskriptiv-sprachliche (philosophische oder
psychologische) Ebene, eine mathematisch-formale Ebene und eine physio-
logisch-neuronale Ebene der Erklärung von Wahrnehmung. In seine Erklärung der visuellen Wahrnehmung bezog Marr alle drei Ebenen ein, aber Marr
argumentierte auf Basis der Unabhängigkeit der Erklärungsebenen für einen

Schwerpunkt seiner Einlassungen auf der mathematisch-formalen Ebene. Marr definierte mit seiner Theorie aber auch einen neuen Standard von Erklärungen der Wahrnehmung und der Aufmerksamkeit als Erklärung auf allen drei Ebenen.

2.6   Evolutionspsychologische Ansätze

Innerhalb der kognitionspsychologischen und neurowissenschaftlichen Ansätze betonen die evolutionspsychologischen Theorien, ähnlich wie Helmholtz, die Adaptivität der Wahrnehmung. Nach dieser Auffassung ist Wahrnehmung das Resultat der phylogenetischen, also stammesgeschichtlichen Anpassung des Menschen an seine Umwelt. Diese Sichtweise verlangt eigentlich den Nachweis, dass der Phänotyp, in diesem Fall die psychische Verarbeitung während der Wahrnehmung, durch den Genotyp bedingt ist. Dieser Nachweis ist allerdings nicht einfach zu führen und wurde deshalb häufig nicht erbracht. Evolutionspsychologen argumentieren daher oft mit indirekten Belegen, etwa der transkulturellen Universalität von Wahrnehmungsprinzipien: Diese Universalität halten sie für unwahrscheinlich, wenn Wahrnehmungsprinzipien das Ergebnis der transkulturell variierenden Erfahrung sein sollten.

Modulare psychische Verarbeitung. Ein beliebtes Argument der Evolutionspsychologen ist der Verweis auf modulare psychische Verarbeitung (Fodor, 1983). Module der Wahrnehmung sind *inputspezifische* psychische Verarbeitungseinheiten: Sie sprechen nur auf eine ganz bestimmte Klasse von Reizen an, etwa visuell wahrgenommene Gesichter. Module sind außerdem *outputspezifisch*: Die Effekte der modularen Verarbeitung beschränken sich auf ganz bestimmte Konsequenzen, z. B. die visuelle Gesichtserkennung. Die Spezialisierung der modularen Verarbeitung auf bestimmte Inputs und Outputs wird gemeinschaftlich durch die *Nicht-Penetrierbarkeit* der modularen Verarbeitung bezeichnet. Nicht-Penetrierbarkeit bezeichnet, dass es dem Wahrnehmenden nicht möglich ist, willentlich oder absichtlich den Input oder Output der modularen Verarbeitung auszuwählen. Ein Gesichtswahrnehmungsmodul erlaubt es dem Menschen z. B. eine Vielzahl von Personen schnell und sicher durch das Sehen von Gesichtern zu identifizieren. Vielleicht würden Menschen diese Leistung gerne gelegentlich auch zur schnellen und sicheren Identifikation von anderen Objekten verwenden, etwa zum Diagnostizieren von Karzinomen beim Betrachten von Röntgenbildern in der Mammographie. Es erweist sich aber als unmöglich, Röntgenbilder mit und ohne Karzinom ebenfalls so schnell und sicher zu unterscheiden wie Gesichter. Es verhält sich gerade umgekehrt:

Die Unterscheidung der Röntgenbilder ist so schwierig, dass manche Mediziner den Wert der Mammographie für die Diagnose von Karzinomen bezweifeln. Die visuellen Merkmale der Röntgenbilder unterscheiden sich zu stark von den Inputmerkmalen, für die das Gesichtswahrnehmungsmodul sensibel ist, und die Inputmerkmale eines Moduls können nicht willentlich ausgewählt und modifiziert werden.

Module entsprechen außerdem häufig bestimmten Gehirnarealen, wie dem Gyrus fusiformis bei der Gesichtswahrnehmung. Wenn dann noch ein in der Stammesgeschichte des Menschen wiederkehrendes Problemszenario benannt werden kann, für das das Verarbeitungsmodul eine erfolgreiche Lösung darstellen würde, sind zwei Bedingungen erfüllt, die eine evolutionäre Genese begründen: (1) Module sind zeitlich stabile Strukturen des Geistes, aber sie sind nur von geringer allgemeiner Nützlichkeit, da sie auf viele Herausforderungen oder Probleme nicht angewendet werden können. (2) Module sind aber außerdem für die Lösung ganz bestimmter dringender und stammesgeschichtlich plausibler Probleme sehr gut geeignet. Manche Autoren halten es daher für sehr wahrscheinlich, dass modulare Verarbeitung das Ergebnis evolutionärer Anpassung der Art (z. B. des Menschen) an diese Probleme darstellt. Diese Autoren argumentieren daher umgekehrt für eine evolutionspsychologische Erklärung, wann immer die psychische Verarbeitung modularen Charakter aufweist. Abgesehen davon, dass bei dieser Argumentation der Nachweis einer genetischen Verursachung des Phänotyps der modularen Verarbeitung nicht geführt wurde, ist zu beachten, dass Fodor diese Schlussfolgerung nicht teilt und den Wert der evolutionären Erklärung bezweifelt. Das evolutionspsychologische Argument entpuppt sich bei näherer Betrachtung nämlich als Zirkelschluss. Eigentlich soll ja die genetische Ursache die modulare Verarbeitung erklären, aber in der evolutionspsychologischen Deutung wird nicht diese Hypothese geprüft, sondern die modulare Verarbeitung zum einzigen Hinweis auf genetische Verursachung. Die Konstruktion stammesgeschichtlich plausibler Problemszenarien hilft hier nur bedingt weiter, da sie beliebig erscheint. So wäre es für den Menschen stammesgeschichtlich sicher auch häufig nützlich gewesen, wenn er z. B. fliegen könnte, ohne dass Menschen die Fähigkeit zu Fliegen durch Mutation des Genoms und evolutionäre Auswahl entwickelt hätten.

📖 Vertiefungsempfehlung

Kapitel 10 ‚A New Age of Psychology at the End of World War II' und Kapitel 12 ‚Old Problems and New Directions at the End of the Century', in: Mandler, G. (2007). *A History of Modern Experimental Psychology*. Boston, MA: MIT Press.

3 Die Sinne und die Sinnessysteme

In diesem Kapitel geben wir einen Überblick über die Sinne und die Sinnessysteme. Wir diskutieren die Standarddefinition von Sinnen oder Sinnessystemen und beschließen das Kapitel mit einer Einführung in die wichtigsten Begriffe der Sinnesphysiologie. Dieser letzte Abschnitt erlaubt ein besseres Verständnis der Erklärungen in den Nachfolgekapiteln des vorliegenden Buches, kann von Lesern mit Vorkenntnissen in Neurophysiologie aber gut übersprungen werden.

3.1 Sinne und Sinnessysteme

Mit dem Begriff „Sinne" oder „Modalitäten" bezeichnet man zum einen physiologische Systeme, die der Wahrnehmung zugrunde liegen sollen, z. B. das Sehsystem (oder visuelle System). Zum anderen bezeichnet der Begriff Aspekte der subjektiven Empfindung des Wahrnehmenden: Als Wahrnehmende empfinden wir einen qualitativen Unterschied zwischen verschiedenen Sinneseindrücken der Wahrnehmung. Es „fühlt sich anders an" zu sehen als zu hören. Zwischen den beiden unterschiedlichen Verwendungen des Sinnesbegriffs besteht ein enger Zusammenhang, denn als Wahrnehmende führen wir den subjektiven Unterschied zwischen unterschiedlichen Sinnesempfindungen auf die Merkmale unterschiedlicher körperlich peripherer Sinnesorgane zurück.

Im Folgenden unterscheiden wir zwischen den beiden Begriffsverwendungen. Mit dem Begriff „Sinn" bezeichnen wir den subjektiven Empfindungsaspekt. Mit dem Begriff „Sinnessystem" bezeichnen wir hingegen einen Teil des menschlichen Nervensystems. Sinnessysteme umfassen (1) die peripheren Sinnesorgane (z. B. Augen, Ohren), (2) die Nervenbahnen und Schaltstellen, die die Sinnesorgane mit dem Gehirn verbinden, und (3) Teile des Gehirns, die durch die Sinnesorgane aktiviert werden.

Fern- und Nahsinne, Intero- und Exterozeption. Man unterscheidet zwischen Fern- und Nahsinnen. Die Fernsinne umfassen das Hören (das auch „auditive Modalität" genannt wird), das Sehen (das auch als „visuelle Modalität" bezeichnet wird) und das Riechen (das auch „olfaktorische Modalität" genannt wird). Diese Sinnessysteme erlauben es, räumlich Entferntes wahrzunehmen. Die Nahsinne umfassen das Körpergefühl (auch „Somatosensorik" genannt), das passive Berührungsfühlen (die „taktile Modalität"), den aktiven Tastsinn (die sogenannte „Haptik"), die Körperbewegungswahrnehmung (die „Kinästhetik"), den Gleichgewichtssinn (die „vestibuläre Modalität"), die Schmerzwahrnehmung (die „Nozizeption") und das Schmecken (die „Gustatorik"). Einige Nahsinne sind an einen Kontakt des wahrgenommenen Objektes mit dem Körper gebunden, wie das Berührungsfühlen und das Schmecken. Zusammen mit den Fernsinnen bilden diese die **exterozeptiven Sinne**, weil sie die Wahrnehmung körperexterner Gegenstände erlauben. Alle anderen Nahsinne sind Körperwahrnehmungen, d. h. Wahrnehmungen, deren Gegenstand der Körper selbst ist. Man nennt diese Sinne auch die **interozeptiven Sinne**, wenn sie für interne Körperzustände sensibel sind. Das gilt zum Teil für die Schmerzwahrnehmung. Die Kinästhetik und die Somatosensorik nennt man gemeinschaftlich auch die **propriozeptiven Sinne**, da sie für die Wahrnehmung der Körperposition im Raum verantwortlich sind.

3.2   Die Standarddefinition der Sinne

In Standardlehrbüchern findet man häufig die Erklärung, dass jeder Sinn an ein bestimmtes peripheres Sinnesorgan gebunden ist. Beim Sehen ist das z. B. das Auge. Außerdem soll jedes Sinnesorgan auch nur für bestimmte Reize sensibel sein. Beim Auge ist das das Licht. Diese Lehrbuchdefinition entspricht der Empfindung des Wahrnehmenden, dass die qualitativen Empfindungsunterschiede zwischen den Sinnen, z. B. zu sehen oder zu hören, zumindest zum Teil auf die Beschaffenheit der peripheren Sinnesorgane zurück gehen, z. B. das Auge oder das Ohr.

Wie kommt dieser subjektive Eindruck zustande? Wir haben schon erörtert, dass Autoren wie Helmholtz und Gibson den Zweck der Wahrnehmung für die Handlungssteuerung betonten. Nach dieser Auffassung bewährt sich die Wahrnehmung im Ausmaß ihrer Zweckdienlichkeit für das erfolgreiche Handeln. Die Attribution unterschiedlich empfundener Sinnesqualitäten auf bestimmte Sinnesorgane durch den Wahrnehmenden liefert uns ein Beispiel dafür, dass der Handlungserfolg auch zu qualitativen Empfindungsunterschieden beitragen könnte. Wenn wir die Augen schließen, ändert sich der Seheindruck, nicht aber in gleicher Weise der Höreindruck. Wenn wir bei gleicher Blickrichtung geradeaus den Kopf nach rechts und links bewegen, ändert sich der Höreindruck systematisch, nicht aber der Seheindruck, dessen Veränderung durch das Halten des Blickes kompensiert wird. Solche sensumotorischen Regelmäßigkeiten, die auf wiederholt wahrgenommenen und daher erwartbaren handlungsbedingten Wahrnehmungsänderungen beruhen, können zum qualitativen Empfinden unterschiedlicher Sinne beitragen, namentlich ihrer Zuschreibung auf die spezifischen Sinnesorgane (O'Regan & Noe, 2001). Die Standarddefinition der Sinne durch spezifische periphere Sinnesorgane birgt aber auch kleinere Probleme. Diese Probleme beruhen auf der Tatsache, dass dieselben peripheren Sinnesorgane unterschiedliche Sinnesempfindungen hervorrufen können und dass unterschiedliche periphere Sinnesorgane dieselben Sinnesempfindungen erzeugen können.

Gleiche Sinnesorgane, aber unterschiedliche Sinnesempfindungen. Nach der Lehrbuchdefinition würde die Schmerzwahrnehmung streng genommen keinen eigenen Sinn darstellen, denn für eine Schmerzempfindung muss kein schmerz-spezifisches „peripheres Sinnesorgan" stimuliert werden. Druck- und temperatursensible Rezeptoren in der menschlichen Haut können z. B. Schmerz hervorrufen. Hautrezeptoren, wie die Merkel-Zellen oder die Ruffini-Körperchen, führen in einem Bereich moderater Druckreizstärke z. B. zu einer Druckempfindung. Schmerz wird erst bei Überschreiten einer kritischen höheren Reizstärke empfunden, beispielsweise bei hohem Druck. Wenn wir akzeptieren, dass nicht jede Schmerz- im Kern eine Druck- oder eine Temperaturempfindung ist (und nicht jede Druck- oder Temperaturempfindung eine Schmerzempfindung), müssen wir schlussfolgern, dass identische Sinnesorgane, z. B. Druckrezeptoren, zu unterschiedlichen Empfindungen führen können: Schmerz einerseits und Druck- oder Temperaturempfindungen andererseits.

Gleiche Sinnesempfindungen, aber unterschiedliche Sinnesorgane. Wenn es zutreffen würde, dass jedem Sinn ein peripheres Sinnesorgan entspricht, müssten Sinne, die auf unterschiedlichen peripheren Sinnesorganen beruhen, als unterschiedliche Sinne aufgefasst werden, selbst wenn sie als einheitlicher Sinn empfunden werden. Auch dazu ein Gegenbeispiel. Die Bewegungswahrnehmung wird durch mindestens drei verschiedene periphere Sinnesorgane geleistet: das Innenohr, die Muskelspindeln (in den Muskeln) und die Rezeptoren in den Sehnen (sogenannte Sehnenorgane) und Gelenken. Die peripheren Sinnesorgane der Bewegungswahrnehmung sind daher weder einheitlich, noch sind sie in einem Gebiet des Körpers gemeinsam lokalisiert. Daher müssen streng genommen drei Sinne der Bewegungswahrnehmung unterschieden

werden, obwohl alle drei Sinne zu einem qualitativ einheitlichen propriozeptiven Eindruck der Stellung des Körpers im Raum beitragen.

3.3   Erste Begriffe der Sinnesphysiologie

Der folgende Abschnitt kann durch die mit der Hirnphysiologie vertrauten
Leser übersprungen werden. Der Abschnitt ist für diejenigen geschrieben, die
nicht mit der Physiologie vertraut sind. Es werden nur erste Begriffe erörtert.
Vertiefende Darstellungen der Sinnesphysiologie werden ggf. dort plaziert, wo
sie zum Verständnis beitragen.

Ausgangspunkt unserer Überlegungen ist die Gehirndoktrin der Wahrnehmung. Wenn man die Sinne und die Aufmerksamkeit vollständig verstehen
möchte, muss man das Gehirn verstehen. In Kapitel 1 haben wir dargestellt,
dass wir sicher sind, dass die Leistungen der Sinne und der Aufmerksamkeit
durch das Gehirn, in Zusammenarbeit mit dem Körper und in Abhängigkeit
der physikalischen Bedingungen auf der Erde, erbracht werden. Um diesem
Argument im Fortgang des Buches folgen zu können, sind erste Begriffe der
Sinnesphysiologie hilfreich.

Neurone und das Zentralnervensystem. Das Gehirn bildet zusammen mit
dem Rückenmark das Zentralnervensystem (ZNS). Es ist weitestgehend links-
rechts symmetrisch aufgebaut. Es besteht aus einer sehr großen Zahl von kleinen Neuronen, ca. 100 Milliarden im menschlichen Gehirn. Die Neurone sind
über Nerven mit den Sinneszellen in den Sinnesorganen verbunden. Die Nerven bündeln viele einzelne Fasern. Faserverbindungen, wie z. B. Nerven, nennt
man auch **Projektionen**. Auch die Neurone sind miteinander durch Fasern
verbunden. Entlang der Fasern wird die elektrische Aktivität fortgeleitet, die
der Verarbeitung von Sinnesdaten zugrunde liegt. Auf Seiten der **afferenten**,
d. h. vorgeschalteten, Neurone heißen die Einzelverbindungen zwischen den
Neuronen **Axone**. Auf Seiten der **efferenten**, oder nachgeschalteten Neurone,
Dendriten. Meist sind Axone mit Dendriten verbunden, wenn auch in der
Regel nicht durch direkten Membrankontakt zwischen den Neuronen. Daneben
gibt es aber auch Verbindungen zwischen Axon und Zellkörper des nachgeschalteten Neurons sowie axo-axonale Verbindungen zwischen Neuronen. In
Abbildung 3.1 ist ein Neuron schematisch dargestellt.

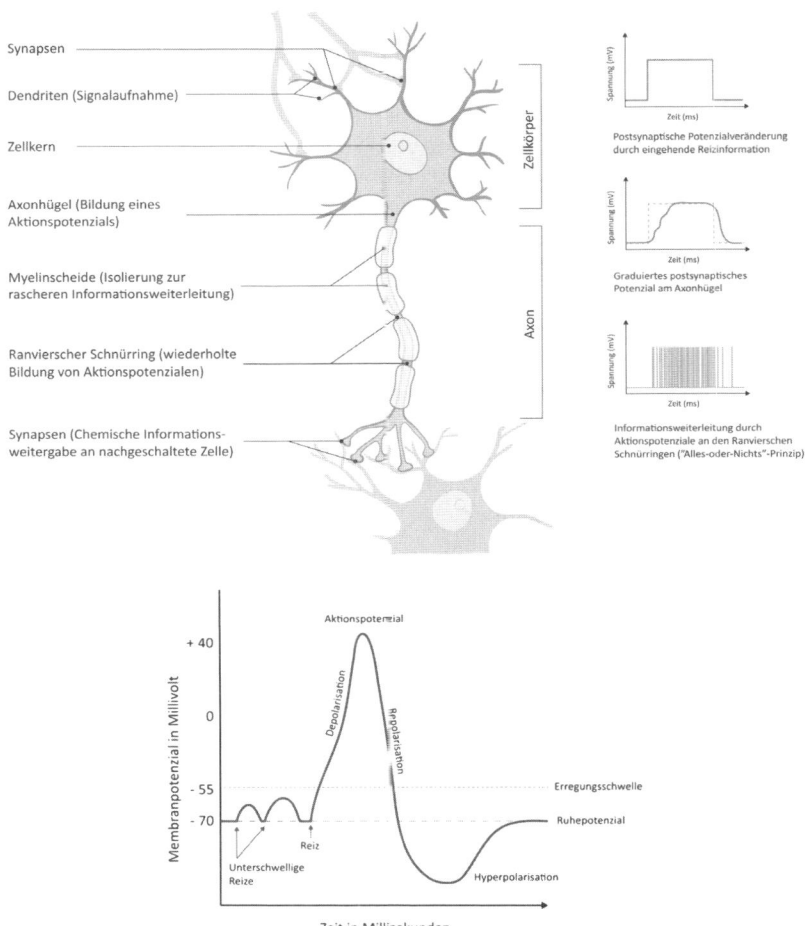

Abbildung 3.1: Schematische Darstellung eines Neurons. In Antwort auf einen Reiz (links oben) bildet sich am Axonhügel des Neurons ein graduell ausgeprägtes Potential. Wenn das Potential eine kritische Schwellenspannung von −55µV erreicht (unten), kommt es zum Aktionspotential. Aktionspotentiale wandern das Axon entlang. Die Myelinscheiden wirken dabei wie „Isolatoren": Das Potential springt von Ranvierschem Schnürring zu Schnürring. An der Synapse am zellkörperfernen Ende des Axons wird die Aktivität des Neurons übertragen, z. B. an eine motorische Endplatte oder ein weiteres Neuron.

Nicht jedes Neuron ist mit allen anderen Neuronen verbunden, aber Verbindungen zu mehreren anderen Neuronen sind typisch. Über die Verbindungsstellen zwischen Neuronen wird elektrische Aktivität von einem Neuron zum nächsten weitergeleitet. Die Verbindungsstellen nennt man **Synapsen**. Meist liegt ein kleiner Spalt zwischen miteinander verbundenen Neuronen, der synaptische Spalt. Dieser wird bei der Fortleitung der elektrischen Aktivität durch eine Ausschüttung von chemischen Botenstoffen, den **Neurotransmittern**, überbrückt. Die elektrische Aktivität an der präsynaptischen Neuronenmembran führt zur Emission der Neurotransmitter. Diese binden an der postsynaptischen Membran. Die Neurotransmitter verändern die elektrischen Eigenschaften der postsynaptischen Membran derart, dass eine elektrische Aktivierung des nachgeschalteten Neurons wahrscheinlicher oder weniger wahrscheinlich wird. Dass Neurone über elektrische Aktivität und bestenfalls chemische Sensibilität kommunizieren, bedeutet für die Sinnesorgane eine Übersetzungsaufgabe. Wenn die Neurone nur elektrische Aktivität, also Nervenimpulse, verwenden, dann müssen viele physikalische Reize durch Transduktion in den Sinnesorganen in Nervenimpulse übersetzt werden.

Transduktion. Wir hatten schon erörtert, dass die Transduktion im Auge z. B. auf der Veränderung der elektrischen Eigenschaften von Zellen der lichtempfindlichen Retina beruht. Dort wird das Licht zum Teil durch lichtempfindliche Zellen absorbiert. Das führt zu einer Veränderung des elektrischen Potentials dieser Zellen und zur Auslösung der Fortleitung elektrischer Energie an nachfolgende Zellen, in Zwischenschritten, über Umschalt- oder Relaisstrukturen, bis zur Großhirnrinde. Im Ohr beruht die Transduktion z. B. auf den Haarzellen. Die Haarzellen liegen in einer Flüssigkeit, der Endolymphe, innerhalb der Hörschnecke. Die Hörschnecke ist so gestaltet, dass ein akustischer Reiz, also eine Luftschwingung, die Endolymphe bewegt. In der Folge werden die Stereozilien, winzige dünne Fortsätze der Haarzellen, die den Haarzellen ihren Namen geben, gebogen. Durch diese Biegung der Stereozilien lösen die Haarzellen Nervenimpulse aus, die ebenfalls in Zwischenschritten bis in die Großhirnrinde gelangen.

Projektionsgebiete der Sinnessysteme. Kennzeichnend für die meisten Sinnessysteme ist, dass die Nervenimpulse über Nerven zur Großhirnrinde geleitet werden. Die Nerven sind große Faserbündel, in denen die von unterschiedlichen Zellen stammenden Nervenfasern zusammengefasst sind. Wie Stromkabel leiten sie die Nervenimpulse weiter. Für die visuelle Modalität wird die Aktivität z. B. über den Nervus opticus geleitet. Für die auditive Modalität erfolgt die Fortleitung durch den Nervus vestibulocochlearis. Ebenfalls kennzeichnend für die meisten Sinnessysteme ist, dass Relaisstrukturen unterhalb und vor der Großhirnrinde liegen. Visuelle und auditive Modalität sind z. B. beide über den **Thalamus** verschaltet. Der Thalamus ist eine Struktur des Zwischenhirns (oder **Diencephalons**) und besteht aus einer Reihe von Kernen, d. h. Ansammlungen von Neuronen, die in ähnlicher Weise gebaut und geschichtet sind. In der hierarchischen Struktur des Zentralnervensystems liegt der Thalamus als Teil des Zwischenhirns unterhalb des Groß- oder Endhirns (des **Telencephalons**). Im Thalamus sind die verschiedenen Modalitäten getrennt verschaltet. Die visuellen Bahnen von der Retina projizieren auf den seitlichen Kniehöcker des Thalamus, das sogenannte Corpus geniculatum laterale, kurz **LGN** (von engl. „lateral geniculate nucleus"). Die auditiven Bahnen projizieren hingegen auf das Corpus geniculatum mediale. Es gibt auch eine Ausnahme von dieser Regel. Die Rezeptoren des olfaktorischen Systems projizieren durch den Bulbus olfactorius direkt in die Großhirnrinde.

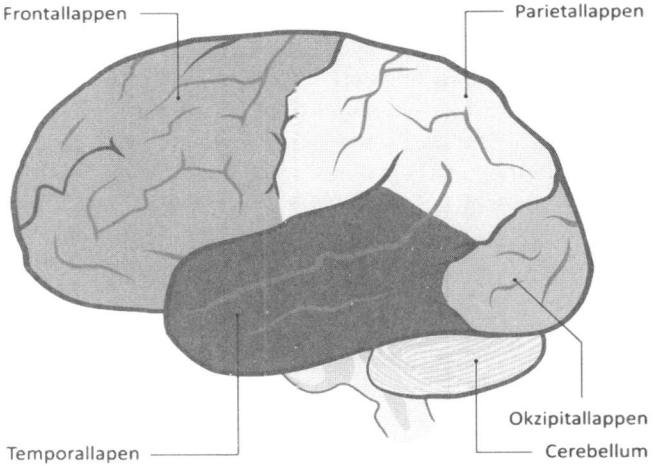

Abbildung 3.2: Lateralansicht des Telencephalon und des Cerebellum. Zum Telencephalon gehört der Cortex mit Frontallappen, Parietallappen, Okzipitallappen und Temporallappen. Die visuelle kortikale Verarbeitung beginnt am okzipitalen Pol und setzt sich nach temporal und parietal fort. Die auditive kortikale Verarbeitung beginnt im Temporallappen und setzt sich nach frontal fort.

📖 Vertiefungsempfehlung

Braitenberg, V., & Schüz, A. (2006), Kapitel 1 ‚Allgemeine Neuroanatomie‘, und Dudel, J. (2006), Kapitel 2 ‚Innerneurale Homöostase und Kommunikation, Erregung‘, in: Schmidt, F., & Schaible, H.-G. (2006). *Neuro- und Sinnesphysiologie (5. Auflage)*. Heidelberg: Springer.

4 Methoden der Wahrnehmungs- und Aufmerksamkeitsforschung

Psychologische Wahrnehmungs- und Aufmerksamkeitsforscher argumentieren auf der Basis von systematischen Beobachtungen. Dafür stehen verschiedene Methoden zur Verfügung. Die Qualität der Methoden ergibt sich aus ihrem Zweck: So wie gute Argumente sich nachvollziehen lassen, lassen sich überzeugende Beobachtungen replizieren. Im vorliegenden Kapitel erläutern wir die wichtigsten Methoden der Wahrnehmungs- und Aufmerksamkeitsforschung, Experimente, hirnphysiologische Methoden, mathematisch-statistische Verfahren, Verhaltensbeobachtung und Modellierung.

4.1 Das Experiment

Die **experimentelle Methode** entspricht diesem Zweck am besten. Der Forscher greift in das natürliche Geschehen ein, er manipuliert und kontrolliert die Bedingungen seiner Beobachtung und schaltet Störvariablen aus. Die Ausprägung von Wirkvariablen (unabhängigen Variablen, kurz **UV**) wird variiert, um die kritischen Bedingungen des Wahrnehmungseindrucks oder der Aufmerksamkeitseffekte (allgemeiner der abhängigen Variablen, kurz **AV**) zu ermitteln. Wenn die Beobachtung außerdem mit annähernd „zufällig" (eher: beliebig) ausgewählten Teilnehmern durchgeführt werden kann, sind die Voraussetzungen des Experiments erfüllt. Bei einer guten Beschreibung der experimentellen Bedingungen und Variablen, kann die Beobachtung andernorts und mit anderen Personen wiederholt werden. Experimente haben eine weitere große Stärke. Sie eignen sich zur Prüfung von Kausalhypothesen. Eine Voraussetzung von Kausalität ist die zeitliche Abfolge von Ursache und Konsequenz. Im Experiment kann diese Abfolge im zeitlichen Nacheinander der Manipulation einer unabhängigen Variablen und der resultierenden Veränderung einer abhängigen Variablen sichergestellt werden.

Das Experiment in der historischen Psychophysik. Ein schönes Beispiel sind frühe Experimente des Physikers Gustav Theodor Fechner (*1801; †1887) auf dem Gebiet der Psychophysik. Die Psychophysik ist ein Teilgebiet der Wahrnehmungs- und Aufmerksamkeitsforschung. Sie behandelte historisch zunächst die Beziehung zwischen Reizen in der Umwelt und den Empfindungen und der Wahrnehmung (im Folgenden kurz Wahrnehmung) des Organismus. Fechner (1860) ermittelte ein allgemeines Gesetz dieser Beziehung. Dazu bestimmte er zwei Schwellen: die Absolut- und die Unterschiedsschwelle. Die **Absolutschwelle** entspricht der minimalen Reizstärke, die gerade für eine Reizwahrnehmung ausreicht. Die **Unterschiedsschwelle** entspricht hingegen der minimalen Reizstärkeänderung, die notwendig ist, um einen Reizunterschied wahrzunehmen. Fechner ermittelte die Schwellen getrennt für unterschiedliche Sinnesmodalitäten. In jedem experimentellen Durchgang beurteilten die Probanden ihre Wahrnehmung: Für die Absolutschwelle beurteilten sie z. B., ob sie einen Ton gehört hatten. Zwischen den experimentellen Durchgängen variierte Fechner die Reizstärke.

Fechner verwendete insgesamt drei verschiedene Methoden, denn jede hatte andere Mängel. Bei der Methode der aufsteigenden (bzw. absteigenden) Reihe steigt (bzw. fällt) die Reizstärke monoton von Durchgang zu Durchgang des Experiments. Der Mangel dieser Methoden ist, dass gleiche Reizstärken bei absteigenden Reihen zuverlässig zu höheren Schwellenschätzungen führen als bei aufsteigenden Reihen. Diese Schwellenerhöhung durch die Wahrnehmung zeitlich vorausgehender Reize nennt man **Adaption.** Bei der Konstanzmethode werden hingegen verschiedene Reizstärken in zufälliger Abfolge realisiert. Adaption spielt hier eine geringere Rolle. Bei der Herstellungsmethode stellt die Versuchsperson selber den Reiz auf eine bestimmte Stärke ein, z. B. mit dem Ziel eine eben merkliche Wahrnehmung zu erzielen.

Das Weber-Fechner'sche Gesetz und die Stevens'sche Potenzfunktion. Die von Fechner ermittelte Reiz-Empfindungs-Beziehung, das Weber-Fechner'sche Gesetz, $E = c \times log\ R + f$, besagt, dass die Empfindungsstärke (E) um den Logarithmus einer Reizstärkeänderung (R) wächst und durch zwei modalitätsabhängige Größen, einen Faktor (c) und eine Konstante (f), aus der Reizstärke berechnet werden kann. Das Gesetz gilt nur für mittlere Reizstärken. Empfindungen bei extrem hohen und geringen Reizstärken werden besser durch die Potenzfunktion von Stevens (*1906; †1973), $E = c \times (Ri_i - R_o)^n$, beschrieben. Die Potenzfunktion weist die Empfindungsstärke als Produkt eines Faktors (c) und der rezeptor-spezifisch potenzierten (n) Differenz zwischen der Reizstärke (R_{ii}) und dem Absolutschwellenwert (R_o) aus. Die Potenz (n) variiert rezeptorabhängig. Auf diese Weise trägt die Potenzfunktion zwei Umständen Rech-

nung. (1) Reiz-Empfindungsstärke-Beziehungen unterschiedlicher Sinne oder
Rezeptortypen können sich unterscheiden. (2) Mehrere Rezeptoren können
zu einem Sinn (einer Modalität) beitragen. Rezeptoren in den Muskelspindeln
und Rezeptoren in den Gelenken tragen z. B. zum Körperbewegungssinn bei.

4.2   Introspektion

Die historische Psychophysik ist deskriptiv. Sie beschreibt die psychophysische Beziehung, aber sie erklärt sie nicht und sie sichert ihre Aussagen nicht
inferenzstatistisch ab. Diese Psychophysik ist außerdem introspektiv, sooft der
Wahrnehmende sein Urteil auf eine Innenschau (oder Introspektion) seiner subjektiven Wahrnehmung stützt. Introspektive Daten sind privat oder subjektiv.
Ihr Bericht ist außerdem an den willentlichen Ausdruck der Versuchsperson
gebunden. Aufgrund der Privatheit kann der Untersucher die subjektive Innenschau der Versuchsperson nicht an sich selber nachvollziehen. Daher kann der
Untersucher auch nicht beurteilen, inwiefern das Urteil der Versuchsperson
ihrem introspektiven Eindruck entspricht. Das ist ein gravierender Mangel,
wenn die Versuchsperson Gründe hat, das introspektive Datum zu zensie-
ren und durch den Selbstbericht willentlich modifiziert auszudrücken, etwa
im Sinne sozial erwünschten Verhaltens. Daher wird der Wert introspektiver
Daten zuweilen in Abrede gestellt.
   Die Mängel der Introspektion spielen für die Psychophysik aber nur eine
geringe Rolle. Psychophysische Urteile sind nämlich häufig objektiv, trotz ihres
privaten Charakters und der Willkürlichkeit des Selbstberichts. Dem beurteilten Wahrnehmungsgegenstand entspricht in vielen Fällen ein Reizgegenstand,
dessen Stärke und Vorhandensein vom Untersucher überprüft und manipuliert
werden kann. Daher kann der Untersucher das introspektive psychophysische
Urteil der Versuchsperson mit dem Reiz vergleichen und das Urteil als zu-
treffend oder inkorrekt klassifizieren. Introspektive psychophysische Urteile
werden unter diesen Bedingungen zu Leistungsmaßen. Leistungsmaße sind
objektiv, insofern zumindest gute Leistungen nachgeprüft und nicht willkürlich vorgetäuscht werden können.

4.3   Hirnphysiologische Methoden

Die moderne Psychophysik geht über Introspektion und Deskription hinaus.
Physiologische Reaktionen des wahrnehmenden Organismus können an die

Stelle von Urteil und Empfindung treten und die Beziehungen zwischen objektivem Reiz und organismusseitiger Reizantwort werden mit vielfältigen mathematisch-statistischen Verfahren bestimmt, anschließend inferenzstatistisch abgesichert und in Richtung auf Erklärungen der Beziehung ausgebaut.

Bereits Fechner hätte gern hirnphysiologische Methoden verwendet. Sie waren damals aber wenig entwickelt. Hirnphysiologische Methoden sind objektiv – allerdings aus einem anderen Grund als Leistungsmaße. Hirnphysiologische Prozesse lassen sich nämlich sehr wohl willentlich modifizieren. Die willentliche Beachtung visueller Bewegung führt z. B. bei Affen zu Veränderungen neuronaler elektrischer Aktivität. Probanden könnten daher hirnphysiologische Prozesse auch willentlich modifizieren. Das geschieht aber nur unter außergewöhnlichen Bedingungen. In der Regel haben die Probanden nämlich kein Wissen über den Zusammenhang zwischen bestimmten Absichten und der resultierenden Änderung hirnphysiologischer Aktivität. Nur unter Bedingungen, in denen das Wissen über diese Zusammenhänge verfügbar wird, etwa durch visualisierte Rückmeldung hirnphysiologischer Aktivitätsänderungen an den Wahrnehmenden, sind die Bedingungen für eine absichtliche Modifikation der Hirnaktivität gegeben. In diesem Sinne sind hirnphysiologische Methoden objektiv: Sie sind nicht an subjektive Beobachtung durch die Versuchsperson und willentliche Mitteilung gebunden.

Elektrophysiologie. Die wichtigsten hirnphysiologischen Methoden sind elektrophysiologische Gehirnaktivitätsmessungen: **Neuronale Ableitungen** und das **Elektroenzephalogramm** (EEG). Beide Methoden haben eine hohe zeitliche Auflösung und erlauben tausende von Messungen pro Sekunde. Die elektrophysiologischen Methoden sind wichtig, weil es nachweislich kausale Zusammenhänge zwischen neuronaler elektrischer Aktivität (als Ursache) und Empfindungen als deren Konsequenz gibt. So stimulierte Wilder Penfield (*1891; †1976) den menschlichen **Neocortex** mit elektrischem Strom. Das geschah als Teil der prä-operativen Diagnostik bei Epileptikern. In Antwort auf die Stimulation berichteten Penfields Patienten subjektive Empfindungen, wie z. B. lange vergessene Erinnerungen.

Die Ableitung an Neuronen ist eine invasive Methode: Die Elektrode wird in das Gehirngewebe eingeführt. Populäre AVs sind die neuronale Feuerrate (die Zahl der Aktionspotentiale eines Neurons pro Zeiteinheit), die Synchronisation neuronaler Aktivität und die Stärke prä- und postsynaptischer Potentiale. Robuste Zusammenhänge bestehen z. B. zwischen der Feuerrate von Neuronen im medialen Temporalcortex (Area MT) des Rhesusaffen und der Richtung wahrgenommener visueller Bewegung. Beim EEG sind **ereigniskorrelierte Potentiale** (EKPs; siehe Abbildung 4.1) und **Power-Spektren** von Frequenzbändern beliebte AVs. Gegenüber der Ableitung am Neuron hat das EEG eine geringere räumliche Auflösung, aber es ist ein nicht-invasives Verfahren: Die Elektroden werden außen auf der Kopfhaut appliziert.

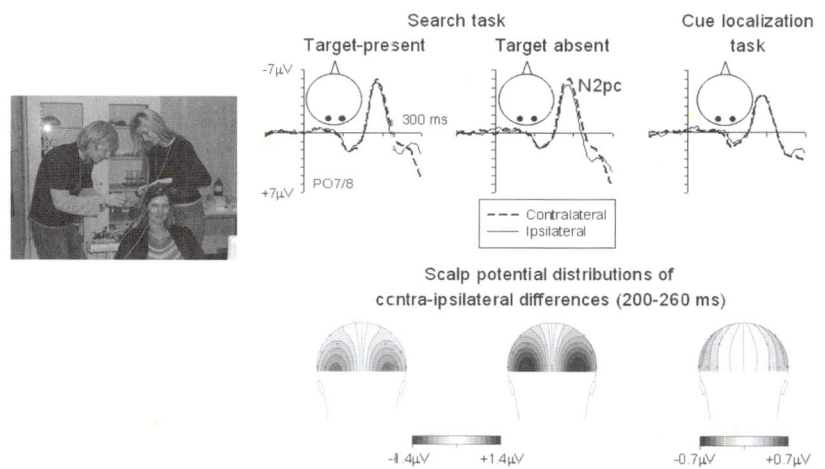

Abbildung 4.1: Links sieht man wie Versuchsleiter Elektroden für ein EEG montie-ren. Rechts oben in der Mitte (Bedingung ,search task') sieht man ereigniskorrelierte Potentiale, die durch die Beachtung von visuellen Distraktoren hervorgerufen wurden. Die interessanten Potentiale beginnen ca. 200 ms nach Reizbeginn (Nullpunkte der x-Achsen). Diese Potentiale bestehen in einer stärkeren kontralateralen Negativierung, d. h. auf der dem beachteten Reiz gegenüber liegenden Kopfseite, als ipsilateralen Negativierung, d. h. auf derselben Kopfseite wie der Seite des beachteten Reizes. Diese Negativierung wird über den Orten PO7/8 gemessen. Diese Orte liegen nahe den primären visuellen Arealen des Neocortex. Die ungefähre Position der Orte ist den schematisierten Kopfzeichnungen (Aufsichten) zu entnehmen. In der unteren Reihe sieht man schematisierte Rückansichten des Kopfes. Dort ist zu erkennen, dass die lateralisierte (zu einer Seite stärkere) Negativierung, die die Aufmerksamkeit begleitet, ihr Maximum (dunkle Zonen) an diesen Orten hat. Ganz rechts oben und unten sieht man, dass die Negativierung ausbleibt, wenn dieselben Reize nicht beachtet werden (Bedingung „cue localization task").

Magnetenzephalographie. Alternative hirnphysiologische Methoden haben nur indirekten Bezug zum hirnelektrischen Geschehen. Die Magnetenzephalo-graphie (MEG) ermittelt die Orientierung und die Stärke der vom Hirnstrom induzierten Magnetfelder. Diese Magnetfelder sind räumlich orthogonal zur Fließrichtung des Hirnstroms orientiert. Im Vergleich zum EEG hat das MEG dieselbe zeitliche Auflösung und eine bessere räumliche Auflösung. Das MEG verzerrt vor allem subkortikale Hirnaktivität weniger stark als das EEG, weil das MEG das Signal nicht nur an der Kopfoberfläche erfasst.

Funktionelle Magnetresonanztomographie. Die **BOLD-Antwort** (von engl. „blood oxygen level dependent") der funktionellen Magnetresonanztomographie (**fMRT**) ist ein weiteres indirektes Maß hirnelektrischer Aktivität. fMRT gehört zu den sogenannten **bildgebenden Verfahren**, die ein Bild der gesamten Gehirnaktivität liefern. Die BOLD-Antwort misst die regionale Sauerstoffverteilung im Gehirn. Diese hängt von lokaler hirnelektrischer Aktivierung ab. Der Zusammenhang zwischen BOLD-Antwort und hirnelektrischer Aktivität ist weniger eng als der zwischen MEG und EEG. Die BOLD-Antwort ist außerdem zeitlich träge. Sie kann daher nicht mit derselben zeitlichen Auflösung erhoben werden wie EEG oder MEG.

Kausale Wirkungen hirnphysiologischer Aktivität auf psychisches Geschehen. In der **Psychophysik** liefern alle drei Methoden, EEG, MEG und fMRT, nur AVs. Diese Verfahren können die kausale Wirkrichtung von hirnphysiologischem Geschehen auf die subjektive Wahrnehmung nicht nachweisen. Drei andere hirnphysiologische Verfahren stellen hingegen UVs zur Verfügung. Wie elektrische neuronale Stimulation eignen sich diese drei Methoden, um eine kausale Wirkung hirnphysiologischer Prozesse auf subjektive Wahrnehmung zu belegen. Die drei UVs sind die Gabe hirnaktiver Substanzen (z. B. von Halluzinogenen), **Hirnläsionen** und die transkranielle Magnetstimulation (**TMS**).

Die orale Einnahme hirnaktiver Substanzen führt häufig zu unspezifischen Effekten. Dieses Verfahren ist daher nur bedingt nützlich, um definierte Teilleistungen zu erforschen. Die Methode erlaubt eindeutigere Schlussfolgerungen, wenn die Substanzen durch Injektion nur an ausgewählten Stellen des Gehirns verabreicht werden. Die Effekte von Hirnläsionen sind zuweilen schwierig zu interpretieren. Beim Menschen sind Läsionen meist durch Gefäßverschlüsse bedingt. Die lädierten Areale können daher breit streuen. Außerdem sind manche Areale häufiger, andere seltener betroffen. Die Läsionsorte sind daher nicht gleichermaßen repräsentativ für verschiedene psychische Teilleistungen. Selbst wenn der Arzt Areale gezielt lädiert, z. B. um einen epileptischen Herd im Gehirn zu entfernen, ist er nicht frei in der Wahl des Läsionsortes, denn dieser ergibt sich weitgehend aus der medizinischen Indikation. Schließlich ist das lädierte Gehirn nicht ohne Weiteres mit dem gesunden Gehirn zu vergleichen. Nicht-lädierte Teilgebiete des lädierten Gehirns können die durch eine Läsion hervorgerufenen Leistungsminderungen in wenig verallgemeinerbarer Weise kompensieren. Noch schwieriger ist es aus Tierläsionsstudien auf menschliche Leistungen zu schließen: Tiere unterscheiden sich in psychischen Funktionen und hirnphysiologischer Ausstattung vom Menschen.

TMS hat demgegenüber Vorteile. Die Methode ist gering invasiv. Ihre Wirkung ist zeitlich reversibel und gut zu kontrollieren: Eine Spule erzeugt ein rhythmisch die Polarität wechselndes starkes Magnetfeld, das einen zeitlich begrenzten Hirnstrom in einem Cortexbereich unter der Spule induziert.

Physiologische Reduktion. Als Reduktion bezeichnet man im Allgemeinen die Übersetzung einer theoretischen Erklärung höherer Ordnung in eine theoretische Erklärung niedriger Ordnung. Als physiologische Reduktion bezeichnet man dabei die Übersetzung einer geistigen oder psychologischen Erklärung in eine physiologische Erklärung. Ersetzen hirnphysiologische Methoden also Verfahren wie die Introspektion? Vermutlich nicht. Ein Teilziel der Psychophysik bleibt die Beschreibung subjektiver Wahrnehmung. Am stärksten betonte das Wilhelm Wundt. Er definierte die Psychologie als Wissenschaft von den unmittelbaren Erfahrungen, womit Wundt die subjektiven und privaten Erscheinungen im Bewusstsein bezeichnete. Nach Wundt verfehlt eine Psychologie ihren Gegenstand, sooft von der subjektiven Erscheinung abgesehen wird. Genau das wäre bei der ausschließlichen Verwendung hirnphysiologischer Methoden der Fall. Hirnaktivität übersetzt sich nicht eins zu eins in subjektive Wahrnehmung und Empfindungen. Das belegt auch die bereits erwähnte Blindsicht, die Dissoziation zwischen dem fehlenden bewussten Sehen bei gleichzeitig gegebener hirnphysiologischer Verarbeitung desselben Reizes (Weiskrantz et al., 1974). Bislang können subjektive Eindrücke nur sicher durch Introspektion erfasst werden. Physiologische Verfahren stellen daher eher einen komplementären als einen die Introspektion ersetzenden Zugang zum psychophysischen Geschehen dar.

Die kausale Wirkrichtung von hirnphysiologischem Geschehen auf die subjektiven Empfindungen rückt hirnphysiologisches Geschehen allerdings in den Mittelpunkt der Erklärung der psychophysischen Beziehung zwischen Reiz und Wahrnehmung. Theoretisch ist es sogar denkbar, dass subjektive Erscheinungen auf physiologische Prozesse zurückgeführt oder „reduziert" werden. Allerdings denken nur wenige Autoren, dass diese Reduktion bereits gelungen ist. Diese Reduktion setzt nämlich logisch eine vollständige Beschreibung des reduzierten Gegenstandes als ihr Prüfkriterium voraus: Nur so kann der Erfolg der Reduktion verifiziert werden. Das Prüfkriterium der Reduktion entspricht der vollständigen Beschreibung subjektiver Wahrnehmung und Empfindung. Daraus rechtfertigt sich die historische Priorität des introspektiven Forschungsprogramms. Zuerst ist subjektive Wahrnehmung adäquat zu beschreiben. Erst dann kann versucht werden, den subjektiven Eindruck auf physiologische Prozesse zu reduzieren. Gegenwärtig kann als sicher gelten, dass das introspektive psychophysische Programm noch nicht erfolgreich abgeschlossen wurde.

Man könnte die subjektiven Erscheinungen in der Psychophysik auch für irrelevant erklären oder für wenig interessant halten. Dann stünde einer rein physiologisch basierten Psychophysik nichts mehr im Wege.

4.4   Mathematisch-statistische Verfahren der Psychophysik

Die zweite Erweiterung der psychophysischen Methoden betrifft die Verwendung einer Vielzahl mathematisch-statistischer Verfahren. Es ist methodischer Standard, zentrale Parameter psychophysischer Funktionen inferenzstatistisch abzusichern. Das gilt beispielsweise für zentrale Parameter psychophysischer Funktionen, z. B. den Punkt einer eben merklichen Veränderung (**JND** für engl. „just noticable difference") oder den Punkt subjektiver Gleichartigkeit (**PSE** für engl. „point of subjective equality") bei der Wahrnehmung zweier Merkmalsausprägungen. Diese Parameter werden durch mathematische Funktionen geschätzt und anschließend z. B. durch klassische Teststatistik mit einem Erwartungswert verglichen. So kann man ermitteln, mit welcher Wahrscheinlichkeit die gemessenen psychophysischen Leistungen faktisch bestehen und mit welcher Wahrscheinlichkeit sie auf Zufall beruht haben könnten.

Signalentdeckungstheorie. Einen starken Einfluss auf psychophysische Methoden hatte die Signalentdeckungstheorie (**SDT** für engl. „signal detection theory"; Green & Swets, 1966). Das generelle Problem der Psychophysik besteht in der Streuung der psychophysischen Urteile: Identische Reizbedingungen rufen unterschiedliche Urteile hervor. Reize von ein und derselben Stärke werden, z. B. je nach Grad der Aufmerksamkeit oder Müdigkeit der Versuchsperson, in einigen Fällen bemerkt und in anderen nicht bemerkt. Die SDT fasst diese Streuung der Urteilsdaten als normalverteilt auf. Jede Verteilung entspricht dabei den unterschiedlichen Wahrscheinlichkeiten spezifischer Urteile, gegeben ein spezifisches Reizereignis. Die SDT erlaubt z. B. den direkten Vergleich der Wahrscheinlichkeitsverteilung eines Urteils (z. B. Urteil: „A war gegeben") bei Reizereignis A (sogenannten Signalen) mit der Wahrscheinlichkeitsverteilung desselben Urteils bei Reizereignis ~A (sogenanntem Rauschen). Dazu ein Beispiel. Angenommen in jedem Durchgang eines Experiments werden zwei Intervalle realisiert: eines mit (schwachem) Signal (und Rauschen) und eines nur mit Rauschen. Bittet man die Probanden nur auf Intervalle zu antworten, die das Signal enthalten, ergeben sich vier Häufigkeiten: für Treffer – Antworten auf Signalintervalle –; für Falsche Alarme – Antworten auf Rauschinterval-le –; für Verpasser – Signalintervalle, auf die nicht geantwortet wurde –; und für richtige Zurückweisungen – Rauschintervalle, auf die nicht geantwortet wurde. Mit Hilfe dieser Häufigkeiten lassen sich Urteilsleistungen tendenz-frei schätzen. So wird die Differenz zwischen der Rate (korrekter) Treffer und der Rate (inkorrekter) Falscher Alarme nicht durch eine Tendenz zur Antwort bestimmt. Signalantworttendenzen aufgrund von Adaption verzerren daher psychophysische Differenzmaße der SDT wie d' (die Differenz zwischen der z-transformierten Trefferrate und der z-transformierten Rate Falscher Alarme) nicht. SDT-Maße spiegeln Merkmale von Verteilungen wieder, d' ist z. B. ein Differenzmaß der Verteilungen von Treffern und Falschen Alarmen: Je höher die Übereinstimmung, umso geringer d'. Methoden der SDT wurden für eine Vielzahl unterschiedlicher Urteilssituationen entwickelt. Die SDT erlaubt es außerdem weitere Parameter (z. B. die Antworttendenz) zu schätzen und mit der SDT kann das Antwortverhalten von Neuronen ebenso analysiert werden wie z. B. subjektive Urteile der Versuchsperson.

Bedingte Wahrscheinlichkeiten. Ein zweites Beispiel für die Anwendung mathematisch-statistischer Verfahren in der modernen Psychophysik ist das **Bayes-Theorem.** Das Theorem gibt an, wie zwei im Vorhinein (a priori) be-stehende Wahrscheinlichkeiten (P_A) und (P_B) sich mit der beobachteten ge-meinsamen Auftretenswahrscheinlichkeit der zwei Ereignisse $(P_{B|A})$ zu einer im Nachhinein (a posteriori) bestehenden Wahrscheinlichkeit $(P_{A|B})$ kombi-nieren: $P_{A|B} = P_{B|A} \times P_A/P_B$. In der Psychophysik lässt sich mit Hilfe des Bayes-Theorems z. B. die Urteilswahrscheinlichkeit, dass ein Reiz ‚blaues Quadrat‘ gesehen wurde, als a posteriori bestehende Wahrscheinlichkeit bestimmen, wenn die zwei erwarteten Wahrscheinlichkeiten (als a priori bestehende Wahr-scheinlichkeiten) für (1) blaue Objekte und (2) Quadrate und die gemeinsame Auftretenswahrscheinlichkeit von (3) blauen Quadraten bekannt sind. Das Bayes-Theorem kann so zur mathematisch formalisierten Beschreibung des Wahrnehmungsvorganges verwendet werden. Da das Theorem die Kombi-nation mehrerer Wahrscheinlichkeiten erlaubt, ist es gut für die formalisierte Beschreibung multimodaler Urteile geeignet, zu denen mehrere Modalitäten oder Rezeptorsysteme beitragen.

4.5 Verhalten und Verhaltensbeobachtung

Verhalten wird als AV der Wahrnehmungs- und Aufmerksamkeitsforschung in zwei Arten verwendet. Zum einen kann das Verhalten selber betrachtet werden. Zum anderen kann das Verhalten als Vehikel für ein Urteil dienen. Dazu ein instruktives Beispiel aus der Erforschung der visuell-räumlichen Aufmerksamkeit. Bis ca. zu den siebziger Jahren des 20. Jahrhunderts setzten Forscher wie Evgeny Sokolov (*1920, †2008) die Zuwendung des Blicks mit der Zuwendung der Aufmerksamkeit gleich; so geschehen im Konzept der Orientierungsreaktion, bei welcher sich Organismen ausreichend starken und neuen Reizen zuwenden, die bislang außerhalb der Blickrichtung liegen. Diese als beobachtetes Verhalten erfasste Orientierungsreaktion wurde mit einer Aufmerksamkeitszuwendung erklärt: Das vermutete Ziel der Orientierungsreaktion ist die Wahrnehmung potentiell relevanter neuer Reize.

Posner argumentierte, dass der angenommene Zweck der Orientierungsreaktion, die bessere Wahrnehmung, jedoch nur hypothetisch ist. Der Zweck kann nicht aus der Blickrichtung selber geschlossen werden. Seinen Einwand verdeutlichte er durch eine begriffliche Unterscheidung. Posner unterschied zwischen offenem Verhalten – dieses bezeichnete er als „Orientierung" – und dem vermuteten Orientierungszweck. Letzteren nannte er „Entdecken". Die Orientierungsreaktion belegt demnach nur das offene Verhalten, die Ausrichtung des Blicks. Es fehlt der Nachweis ihres Zwecks, des Entdeckens der neu in das Gesichtsfeld tretenden Objekte. Wie konnten Forscher diesen Umstand übersehen? Ein Grund war vermutlich die noch starke behavioristische Tradition. Entsprechend dieser Tradition erachteten Forscher die inneren Repräsentationen des Organismus als irrelevant für wissenschaftlich-psychologische Erklärungen. Ein Objekt anzuschauen war demnach eine Verhaltensweise, die dem Entdecken am besten entsprach.

Posner (1980) erschütterte diesen Glauben nachhaltig. Er ging einen Schritt weiter und wiederentdeckte, zunächst offensichtlich ohne Kenntnis von Helmholtz' Experimenten, dass Menschen die Entdeckungsleistung unabhängig von der Blickrichtung verbessern können. Posner bezeichnete die Auswahl von Positionen zur verbesserten Entdeckung von Reizen an diesen Positionen als „verdeckte Verlagerungen" der Aufmerksamkeit, wenn diese Positionsauswahl nicht an „offen beobachtbare Verlagerungen" des Blicks gebunden war.

Das Hinweisreizparadigma. Den Nachweis für die Wirkung verdeckter Aufmerksamkeit führte Posner im Hinweisreizparadigma (siehe Abbildung 4.2). Im Hinweisreizparadigma bietet der Forscher dem Probanden zu unterscheidende Zielreize dar. Die Positionen der Zielreize wechseln unvorhersehbar von Durchgang zu Durchgang. Kurz vor dem Zielreiz wird dem Probanden ein Hinweisreiz gezeigt. Der Hinweisreiz zeigt eine mögliche Zielreizposition an. Ein nach links weisender Pfeil kann z. B. ein Hinweisreiz sein, der auf einen links erscheinenden Zielreiz hinweist.

Posner zeigte, dass seine Probanden den Hinweisreiz nutzten, um Aufmerksamkeit auf den angezeigten Ort zu lenken. Dazu verglich er die Geschwindigkeit und die Genauigkeit, mit der Zielreize erkannt wurden, unter drei Bedingungen. In der validen Bedingung zeigte der Hinweisreiz den Zielort an. In der validen Bedingung sollte das Erkennen des Zielreizes von einer Aufmerksamkeitszuwendung auf den Hinweisreiz profitieren: Die Dauer von der Zielreizdarbietung bis zur Zielreizerkennung sollte sich um (maximal) die Dauer der Zuwendung der Aufmerksamkeit verkürzen. (Ob der ganze Betrag gespart werden kann, hängt von der Länge des Intervalls zwischen Hinweis- und Zielreiz ab.) Dieser Nutzen in validen Bedingungen sollte im Vergleich zu neutralen Bedingungen (ohne Hinweisreiz) resultieren. Ohne Hinweisreiz kann die Aufmerksamkeit nicht auf eine bestimmte Position gelenkt werden. Ergo kann die Zielreizerkennung nicht profitieren. In nicht-validen Bedingungen zeigte der Hinweisreiz einen anderen Ort als den des Zielreizes an. In nicht-validen Bedingungen waren daher eventuell sogar Kosten im Vergleich zur neutralen Bedingung zu erwarten. Der nicht-valide Hinweisreiz führte die Aufmerksamkeit in die Irre. Das Finden und Unterscheiden der Zielreize kann so noch erschwert werden.

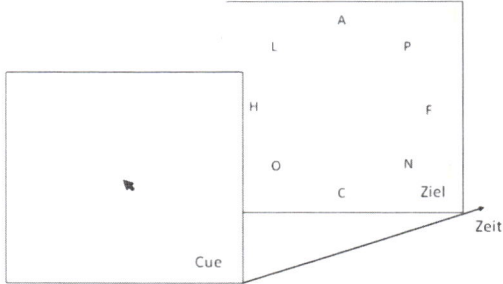

Abbildung 4.2: Dargestellt ist eine Bedingung einer Untersuchung mit Hinweisreiz (engl. „cue") von Jonides (1981). Aufgabe der Versuchsperson war es, in jedem Durchgang des Experiments zu entscheiden, ob ein „L" oder ein „R" als Zielreiz gezeigt wurde. Ein Zielreizbildschirm des Experiments ist in der Abbildung oben zu sehen. Unten in der Abbildung ist ein Hinweisreiz dargestellt: ein Pfeil, der auf eine Position weist. In der hier illustrierten validen Bedingung zeigt der Hinweisreiz auf die Zielreizposition. Wenn die Versuchsperson die Aufmerksamkeit schon auf den Hinweisreiz richtet, kann der Hinweisreiz einen Nutzen bedingen: Schnellere Suchzeiten und Antworten auf den Zielreiz im Vergleich zu Bedingungen, in denen der Hinweisreiz nicht gezeigt wird oder in die Irre führt.

Posner und andere Forscher konnten diese Annahmen bestätigen. Pfeile, die häufiger die richtige als die falsche Zielreizposition anzeigen, führen zum vorhergesagten Leistungsmuster: Nutzen in validen und Kosten in nicht-validen Bedingungen. Offenes Blickverhalten kommt als Erklärung dieser Hinweisreizeffekte nicht in Frage: Die Intervalle zwischen Hinweis- und Zielreiz sind zu kurz, als dass eine erfolgreiche Blickbewegung zum Zielreiz während des Intervalls möglich wäre.

Experimente im Hinweisreizparadigma sind ein Beispiel für die zweite Verwendungsart von Verhalten: als Vehikel für Wahrnehmungsurteile. Das Erkennen oder Unterscheiden von Zielreizmerkmalen (z. B. der Zielreizform als rund oder eckig) erfolgt nämlich durch das Drücken vereinbarter Tasten (z. B. einer rechten Tasten für runde und einer linken Tasten für eckige Zielreize). Der Hinweisreizeffekt zeigt sich dabei vornehmlich in der Reaktionsgeschwindigkeit: schnelleren Reaktionen in validen als in neutralen und nicht-validen Bedingungen. Der Hinweisreizeffekt zeigt sich meist weniger stark in den Fehlerraten. Bei herabgesetzter Wahrnehmbarkeit der Zielreize, z. B. bei geringerer Zielreizhelligkeit oder -dauer, kann der Reaktionszeiteffekt aber in einen Fehlereffekt überführt werden: geringere Fehlerraten in validen als in nicht-validen Bedingungen.

Blickverhalten. Die Blickrichtung ist ein populäres Maß für die Zuwendung der Aufmerksamkeit. Die Zuwendung des Blicks erhöht die räumliche Auflösung. Die visuell-räumliche Auflösung ist im Netzhautzentrum (der **Fovea**) höher als in der Netzhautperipherie. In vielen Fällen ist besseres visuelles Erkennen außerdem an Phasen relativer Augenruhe gebunden. Diese Phasen heißen **Fixationen.** Während des Lesens müssen z. B. sukzessiv Textstellen fixiert werden, um Wörter in der Nähe des Fixationsortes zu erkennen. Fixationsdauer und Fixationshäufigkeit werden daher häufig als Maß der Aufmerksamkeit verwendet.

Blicksprünge bezeichnet man als **Sakkaden.** Sie verschieben Abbildungen aus der Peripherie der Netzhaut in die Fovea. Die schlechtere Reizerkennung während der Sakkade wird **sakkadische Unterdrückung** genannt. Die Dauer bis zur Sakkade oder die Sakkadenrichtung sind ebenfalls Maße der Aufmerksamkeit. Augenfolgebewegungen stabilisieren die Abbildung sich bewegender Objekte auf der Netzhaut. Die Genauigkeit, mit der das Netzhautbild stabilisiert wird, ist ein weiteres Aufmerksamkeitsmaß.

Visuelle Suche. Weiter oben wurde erläutert, dass die Blickrichtung nicht mit der Richtung der Aufmerksamkeit identisch ist. Wie kann dieser vermeintliche Widerspruch aufgelöst werden? Ein gutes Beispiel liefert die visuelle Suche. Mit visueller Suche bezeichnet man Situationen, in denen zu suchende (relevante) Zielreize unter zu ignorierenden (irrelevanten) Distraktoren gefunden werden müssen. Diese Situationen sind häufig, z. B. wenn wir eine Textpassage im Buch wiederfinden möchten, oder wenn wir Bekannte an einem belebten Ort (wie einem Bahnhof) abholen, aber nicht ganz genau wissen, wo sie sich befinden.

Unter experimentellen Bedingungen lassen sich zwei verschiedene Leistungsmuster gut voneinander unterscheiden. In der einen Bedingung ist die Ähnlichkeit zwischen Zielreiz und Distraktoren gering. Einen Eindruck vermittelt Abbildung 4.3. Hier wird die Suchzeit kaum von der Zahl der Distraktoren beeinflusst. In der anderen Bedingung ähnelt der Zielreiz den Distraktoren. Die Suche wird hier schwieriger. Einen Eindruck erhält man in Abbildung 4.4. Bei hoher Zielreiz-Distraktor-Ähnlichkeit steigt die Suchzeit mit der Menge der Distraktoren an (Duncan & Humphreys, 1989). Die sogenannte Suchfunktion bezeichnet dabei die mathematische Funktion, mit der aus der Zahl der Reize, die Dauer der Suche vorhergesagt werden kann. Bei hoher Zielreiz-Distraktor-Ähnlichkeit ist die Suchfunktion zumeist linear und monoton wachsend.

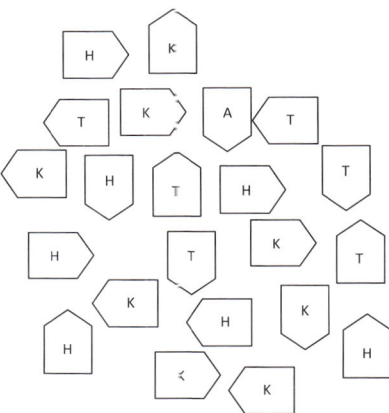

Abbildung 4.3: Die Suche nach dem Buchstaben A ist einfach. Der Buchstabe kommt nur einmal vor. Die anderen Buchstaben und Formen stören kaum.

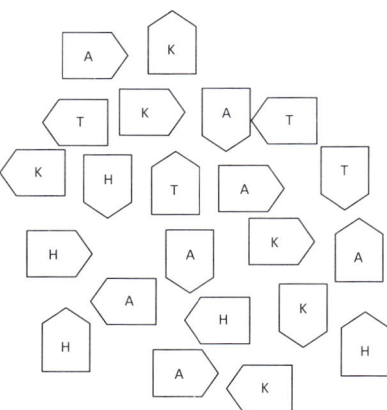

Abbildung 4.4: Sucht man als Zielreiz ein H in einem nach links weisenden Pfeil, stört die Ähnlichkeit zu den anderen Distraktoren. Weder in der Pfeilrichtung noch in der Buchstabenidentität unterscheidet sich der relevante Zielreiz von allen anderen Distraktoren.

Mit Hilfe der Suchfunktion kann man die Dauer schätzen, die für die Verarbeitung eines Reizes benötigt wird. Diese Dauer beträgt auch bei anspruchsvoller Suche selten mehr als ca. 40–60 ms pro Reiz. Das ist eine so kurze Dauer, dass Sakkaden von einem Reiz zum nächsten diese Reizverarbeitungsdauer nicht erklären können. In der Regel führen Menschen ca. 3 Sakkaden pro Sekunde aus. Selbst sogenannte Express-Sakkaden, die nur unter optimalen Bedingungen beobachtet werden, haben eine Ausführungslatenz von mindestens 80–120 ms. Die Verarbeitungszeit pro Reiz in der visuellen Suche liegt also noch deutlich darunter.

Bezug der Suchfunktion zu Theorien der visuellen Suche. Die Ergebnisse werden daher durch Aufmerksamkeit erklärt. Nach der **Ähnlichkeitstheorie** der visuellen Suche von Duncan und Humphreys (1989) bilden Menschen im Geiste eine Suchschablone, um den Zielreiz zu finden. Die Suchschablone repräsentiert die Zielreizmerkmale. Der Suchende vergleicht die Reize mit der Suchschablone. Zielreize haben die höchste Ähnlichkeit mit der Suchschablone. So werden sie gefunden. Aber Distraktoren verlängern die Suchzeit, wenn sie der Schablone ähnlich genug sind, denn dann dauert es länger, bevor sie als Distraktoren erkannt werden und die Suche fortgesetzt werden kann.

Für diese Erklärung spricht der Einfluss der Ähnlichkeit verschiedener Zielreize auf die Suchfunktion: Wenn die Zielreizidentität unvorhersehbar ist, erleichtert eine hohe Ähnlichkeit der Zielreize die Suche selbst dort, wo nur ein Zielreiz gesucht werden muss. Das erklärt der Schablonenvergleich: Die Schablone repräsentiert eine umso größere Zahl zu suchender Merkmale, je unterschiedlicher die erwarteten und potentiell zu suchenden Zielreize sein können. Daraus ergeben sich zwei Notwendigkeiten, die die Sucheffizienz beeinträchtigen. Zum einen muss die Schablone während der Suche aktualisiert werden, sooft nicht alle Merkmale gleichzeitig gesucht werden können. Zum anderen steigt mit einer wachsenden Zahl gesuchter Merkmale die Wahrscheinlichkeit, dass Distraktoren Merkmale aufweisen, die zur Schablone passen, und die Suche zusätzlich verzögern.

Eine andere Erklärung geben Treisman und Gelade (1980). Sie halten die gesehene Ähnlichkeit zwischen den gesehenen Reizen für entscheidender als die Ähnlichkeit zwischen gesehenen Reizen einerseits und Suchschablonen andererseits: Die Suche ist demnach unabhängig von der Zahl der Distraktoren, wenn ein gesehener Zielreiz durch ein Alleinstellungsmerkmal von den gesehenen Distraktoren zu unterscheiden ist. Das ist z. B. in Abbildung 4.3 der Fall. Treisman und Gelade nannten das parallele Suche: Einzelne Merkmale können an allen Orten gleichzeitig entdeckt werden. Unterscheiden sich die Zielreize nur in einer Kombination von Merkmalen von allen Distraktoren, erfolgt die Suche hingegen sequentiell. Der Grund dafür ist die räumliche Aufmerksamkeit: Sie muss sukzessive auf einzelne Reize gerichtet werden. Nur so kann die in jedem Reiz realisierte Kombination von Merkmalen erkannt werden. Daher ist die Suche nach dem H im nach links weisenden Pfeil in Abbildung 4.4 schwierig: Dieser Reiz ähnelt vielen der gleichzeitig gesehenen Distraktoren.

Treisman und Gelade (1980) nannten diesen Ansatz die **Merkmalsintegrationstheorie** (engl. „feature integration theory"). Ihre Annahmen wurden zum Teil durch die Architektur des visuellen Systems inspiriert: Die frühe kortikale Verarbeitung visueller Reize erfolgt getrennt nach Merkmalen, wie Farbe oder Orientierung. Daher könnte die Reizerkennung auf der Basis einer Kombination von Merkmalen tatsächlich Verarbeitung auf einer späteren Stufe des visuellen Systems erfordern. Nach der Theorie ist die Verbindung einzelner Merkmale anhand ihrer Positions-Übereinstimmung bzw. Positions-Nicht-Übereinstimmung geeignet, Objekte als Kombinationen von Merkmalen zu erkennen. Treisman und Gelade begreifen räumliche Aufmerksamkeit als „Vehikel" dieser Verbindung von visuellen Merkmalen durch örtliche Übereinstimmung: Treisman und Gelade sprechen von Aufmerksamkeit als „Kleber" (engl. „glue") zur Verbindung der Merkmalsrepräsentationen.

Bei der visuellen Suche spricht die kurze Verarbeitungsdauer pro Reiz dafür, dass pro Fixation mehrere Reize verarbeitet werden. Diese Beobachtung deckt sich mit der Annahme, dass die verdeckte (Verlagerung der) Aufmerksamkeit zur visuellen Suche beiträgt. Daraus darf aber nicht geschlossen werden, dass offene Verlagerungen des Blickes irrelevant wären. Betrachtet man nämlich die Wahrscheinlichkeit für das Finden der Zielreize in Abhängigkeit von der aktuellen Blickposition, ergibt sich ein positiver Zusammenhang: Zielreize, die 2–3° vom aktuellen Fixationsort entfernt liegen, werden mit einer Wahrscheinlichkeit von mindestens $P = .7$ gefunden. Mit einer zunehmenden Distanz zwischen Fixationsort und Ziel bis zu ca. 10° nimmt diese Wahrscheinlichkeit fast linear ab und liegt bei 10° Distanz je nach Menge der Distraktoren nur noch bei ca. $P = .1$ bis $P = .4$ (Motter & Simoni, 2007).

4.6   Modellierung

Die Mechanismen und Prinzipien der Wahrnehmung und der Aufmerksamkeit können durch Modelle formalisiert werden. Modelle bezeichnen die Nachgestaltung vermuteter Zusammenhänge zwischen Ursache und Konsequenzen in mathematischen Gleichungen oder ausführbaren Computer-Programmen. In der Aufmerksamkeitsforschung können Modelle z. B. darauf abzielen, das Blickverhalten von Menschen zu simulieren, d. h. im Modell nachzustellen. Modellierung kann zur Konsistenzprüfung von Erklärungen verwendet werden. In diesem Sinne ist Modellierung ein theoretisches Verfahren. Modelle liefern zum Teil aber auch nur genauere Beschreibungen der modellierten Gegenstände, in Form der Simulationen von Verhalten oder Verarbeitung. Modelle liefern dann selbst Daten und keine Erklärungen: Ihr Verhalten wird dann zum Gegenstand neuer Beobachtungen. Im Idealfall zeigen Modelle Verhalten, das nicht vorhergesagt wurde und sich anschließend am modellierten Gegenstand bestätigen oder falsifizieren lässt.

Modelle können anhand zweier allgemeiner Charakteristika miteinander verglichen werden: ihrem Anwendungsbereich und ihrer Sparsamkeit. Modelle sind umso höher zu bewerten, je größer ihr Anwendungsbereich und je sparsamer sie sind, d. h., je geringer die Zahl der Annahmen, die im Modell gemacht werden müssen und nicht durch Beobachtungen gestützt sind. Eine große Bedeutung zur Schätzung der Sparsamkeit oder Kostspieligkeit von Modellen kommt hier der Zahl der freien Parameter zu. Die freien Parameter sind Größen des Modells, die nicht begründet gewählt werden können und trotzdem festgelegt werden müssen, um eine Berechnung durchzuführen oder das Programm auszuführen. Die Zahl der festzulegenden freien Parameter entspricht daher der Zahl von Annahmen, die auch unbegründet sein können und möglicherweise in die Irre führen.

Das Salienz-Modell der Aufmerksamkeit. Ein Beispiel für ein Modell der Aufmerksamkeitsforschung ist das Salienz-Modell der Blicksteuerung von Itti, Koch und Niebur (1998). Salienz bedeutet Deutlichkeit. Im Salienz-Modell erklären Itti und Koch die Wahrscheinlichkeit, mit der das Auge die ersten fünf Punkte bei der Betrachtung eines Bildes fixiert, als Folge der Deutlichkeit von visuellen Merkmalen an diesen Bildpunkten. Das Salienz-Modell wurde durch die physiologischen Charakteristika der visuellen Verarbeitung im Cortex inspiriert. Den Ergebnissen der Physiologen zufolge werden visuelle Merkmale wie Farbe, Luminanz (oder Kontrast) und Orientierung in den visuellen kortikalen Arealen zunächst getrennt voneinander, in retinotop organisierten Karten repräsentiert. **Retinotopie** meint, dass die Neurone in den primären visuellen Arealen des Neocortex einer räumlich organisierten Repräsentation entsprechen, einer sogenannten Karte, in der die Topographie der visuellen Stimulation auf der Retina erhalten ist.

Im Einklang mit diesen physiologischen Ergebnissen nehmen Itti und Koch in ihrem Salienz-Modell ebenfalls drei räumliche Karten an, in denen Farbe, Luminanz (oder Intensität) und Orientierung proportional zur relativen Stärke dieser Reizmerkmale die neuronale Aktivität an einzelnen Positionen der Karte anregen. Die Stärke der repräsentierten Aktivität ist dabei proportional zum lokalen Merkmals*kontrast,* also zum gemessenen Merkmalsunterschied zwischen einem Bildpunkt und den benachbarten Bildpunkten.

Im nächsten Schritt des Modells werden die merkmalsspezifischen Kontraste normalisiert und linear kombiniert. So ergibt sich eine Salienzkarte, in der neuronale Aktivität räumlich und proportional zur Summe der lokalen Merkmalskontraste im Bild repräsentiert ist. Die Wahrscheinlichkeit einer Fixation ergibt sich dann einfach aus der relativen Stärke dieser Salienzwerte. Je höher die Salienz an einer Stelle des Bildes im Vergleich zu allen anderen Stellen des Bildes, umso wahrscheinlicher ist es, dass eine Fixation an der entsprechenden Bildposition erfolgt. Die wiederholte Betrachtung derselben Bildposition wird dabei durch einen Unterdrückungsmechanismus vermieden. Diesen Mechanismus nennen die Autoren „Unterdrückung der Rückkehr" (engl. „inhibition of return"; kurz **IOR**).

Abbildung 4.5 illustriert das Vorgehen bei der Prüfung des Modells. Dazu werden zunächst die lokalen Bildkontraste berechnet, getrennt nach Farbe, Luminanz (oder Intensität) und Orientierung. Diese Kontrastwerte werden dann in der Salienzkarte kombiniert. Anschließend vergleicht man die durch das

Modell vorhergesagten wahrscheinlichsten Fixationsorte mit dem tatsächlichen Blickverhalten, das man an Versuchspersonen beobachtet. Im Beispiel in der Abbildung ist die Übereinstimmung zwischen den Fixationen von vier Testpersonen und dem Modell relativ gut. Das sieht man an der Übereinstimmung der häufig angeschauten dunkel markierten Orte (unten links in Abbildung 4.5) mit den durch das Modell als salient markierten (weißen) Regionen des Bildes (unten rechts in Abbildung 4.5).

Natürlich ist das Salienz-Modell zu einfach. Es ist ein reines „Bottom-Up"-Modell. D. h., es berücksichtigt nur Reizfaktoren und es lässt Top-Down-Effekte bei der Betrachtung von Bildern für die Vorhersage von Fixationen völlig außer Acht, obwohl die Fixationshäufigkeiten nicht nur durch Reizmerkmale, sondern auch durch Betrachtermerkmale, z. B. Absichten und Erfahrungen, bestimmt werden. Anders wäre z. B. visuelle Suche überhaupt nicht möglich. Die Vorhersagekraft des Salienz-Modells wurde daher auch in vielen Fällen von alternativen Modellen übertroffen, die auch den Absichten des Bildbetrachters Rechnung tragen. Diese Alternativmodelle stammen nicht zuletzt aus der Forschergruppe von Itti selbst.

Abschließend soll angemerkt werden, dass das Salienz-Modell ein schönes Beispiel für den Wert der Modellierung darstellt. Der Wert naturwissenschaftlicher Theorie und Methode bemisst sich nämlich nicht allein durch die Bestätigung der untersuchten Modelle oder Theorien. Der Wert erweist sich auch durch die Eignung, theoretische Annahmen auf Basis der Methode ggf. falsifizieren zu können, wie das im Falle des Salienz-Modells der Fall war. Naturwissenschaftler halten also die Zurückweisung nicht haltbarer Theorien für ebenso informativ und wertvoll wie die Bestätigung haltbarer Theorien.

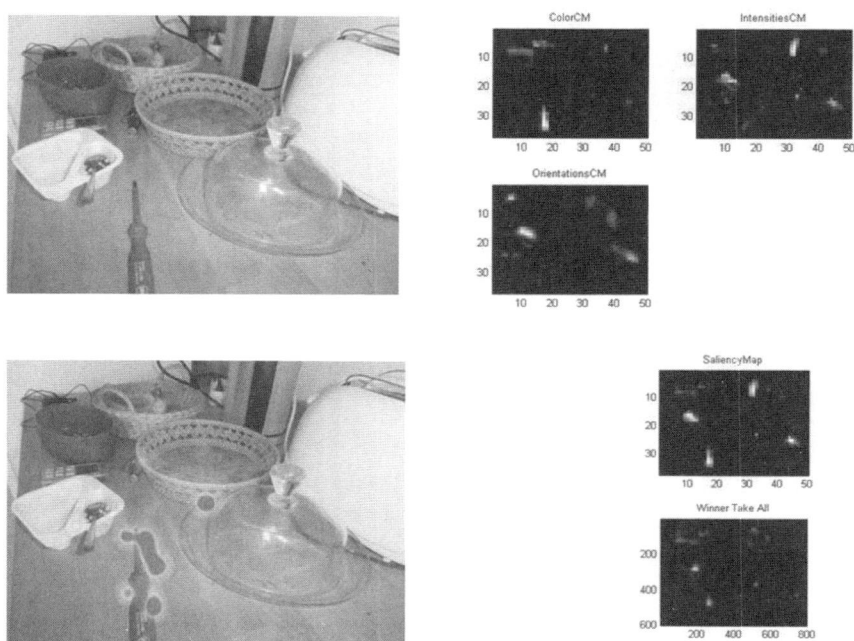

Abbildung 4.5: Oben links sieht man eine Photografie, oben rechts die sogenannten Auffälligkeitskarten (engl. „conspicuity maps", kurz „CM"), d. h., die separat nach den Merkmalen Farbe (engl. „color"), Luminanz oder Intensität (engl. „intensity"), und Orientierung (engl. „orientation") berechneten Kontraste für die einzelnen Bildbereiche. In diesen Karten stehen helle Punkte für starke Kontraste. Unten links sieht man das Fixationsverhalten von vier Testpersonen (mit einer minimalen Fixationsdauer von 100 ms): Je dunkler eine Region, desto häufiger wurde diese Stelle fixiert. Unten rechts sieht man die Salienzkarte, in der die Kontrastwerte aus den drei Auffälligkeitskarten linear kombiniert werden. Wieder stehen helle Stellen für starke Werte. Man sieht, dass die Vorhersagen der Salienzkarte (helle Positionen, z. B. unterer linker Bereich in der Salienzkarte) gut mit dem tatsächlich beobachteten Blickverhalten übereinstimmen (z. B. markierter Fleck im unteren linken Bereich des Bildes). Es gibt aber auch Unterschiede zwischen Vorhersage und Verhalten, z. B. eine Tendenz der Testpersonen die Bildmitte zu fixieren, obwohl dieser Ort keinen hohen Salienzwert aufweist. Die Modellwerte wurden nach Walther und Koch (2006) berechnet.

Vertiefungsempfehlung

Kapitel 2 ‚Classifying Psychophysical Experiments' und Kapitel 3 ‚Varieties of Psychophysical Procedure', in: Kingdom, F. A. A., & Prins, N. (2010). Psychophysics – A Practical Introduction. Amsterdam, The Netherlands: Academic Press/Elsevier.

5 Konzepte und Paradigmen der Aufmerksamkeit

In diesem Kapitel schildern wir zunächst typische experimentelle Paradigmen der Aufmerksamkeitsforschung und die dabei erzielten Ergebnisse. Daran anschließend diskutieren wir die Vor- und Nachteile von Broadbents Filtermodell der Aufmerksamkeit, einer sehr einflussreichen Erklärung der Ergebnisse. Den Abschluss des Kapitels bilden die Unterscheidung automatischer und kontrollierter Verarbeitung und die Erklärungen, die sich aus dieser Unterscheidung ergeben.

5.1 Doppelaufgaben und Interferenz

Für die Wahrnehmungs- und Aufmerksamkeitsforschung bedeutete der Konsens der Kognitionspsychologie den Beginn einer Blütezeit, die bis in das 21. Jahrhundert andauert. Zu den ersten kognitionspsychologischen Arbeiten gehörten Experimente zur Ursache der Selektivität psychischer Vorgänge. Untersucht wurde, ob die Selektivität die Konsequenz einer begrenzten geistigen Kapazität ist.

Diese Frage lässt sich experimentell prüfen. Dazu muss der Forscher systematisch die Beanspruchung der begrenzten Kapazität seiner Versuchsteilnehmer variieren.

In einer sehr einfachen Versuchsanordnung bekommen die Versuchspersonen zwei Aufgaben. Sie müssen z. B. zum einen ein Diktat schreiben und zum anderen eine Liste von Wörtern lernen. Unter der Annahme einer insgesamt begrenzten Verarbeitungskapazität der Versuchspersonen, bestimmt der Versuchsleiter dann, wie die Kapazität auf die beiden Aufgaben aufgeteilt werden soll. Der Versuchsleiter bestimmt entweder das Diktat zur Primär- bzw. Hauptaufgabe und die Gedächtnisaufgabe zur Sekundär- oder Nebenaufgabe der Versuchsperson oder er bestimmt die Gedächtnisaufgabe zur Primär- und das Diktat zur Sekundäraufgabe. Bei unbegrenzter Kapazität sollte die Leistung in jeder der beiden Aufgaben unabhängig von der Leistung in der je anderen Aufgabe sein. Die Leistung in der Sekundäraufgabe sollte daher auch nicht systematisch von der Leistung in der Primäraufgabe abhängen. Bei begrenzter Verarbeitungskapazität sollte hingegen die Leistung in den jeweiligen Primäraufgaben besser als in den Sekundäraufgaben sein: Wenn die Leistung in jeder Teilaufgabe nicht optimal ist und wenn ein Teil dieser Leistungseinbußen auf die Verwendung einer begrenzten zentralen Verarbeitungskapazität durch beide Teilaufgaben zurückgeht, sollte eine Leistungssteigerung in der Primäraufgabe, die durch eine stärkere Verwendung der begrenzten Verarbeitungskapazität in dieser priorisierten Aufgabe hervorgerufen ist, mit einer geringeren Leistung in der Sekundäraufgabe einhergehen, in der ja Verarbeitungskapazität nicht mehr im selben Ausmaß zur Verfügung steht. Der Forscher schließt also aus der willensabhängig verbesserten Leistung in der Primäraufgabe und einer proportional verschlechterten Leistung in der Sekundäraufgabe auf eine in der Summe begrenzte Kapazität.

In einem verwandten Paradigma vergleicht man zwei Bedingungen – eine Bedingung, in der die Versuchsperson nur eine Aufgabe lösen muss, und eine zweite Bedingung, in der zwei Aufgaben zu lösen sind. Die Bedingung mit zwei Aufgaben sollte die geistige Kapazität dann stärker beanspruchen als die Bedingung mit einer Aufgabe. Daher sollte die höhere Kapazitätsbeanspruchung in der Doppelaufgabenbedingung zu einer geringeren Leistung führen als in der Einzelaufgabenbedingung, wenn Selektivität die Folge des Kapazitätsmangels ist. Diese Annahme wurde in Experimenten bestätigt, in denen der zeitliche Abstand zwischen den Aufgaben der Doppelaufgabenbedingung systematisch variiert wurde. Welford (1952) verlangte z. B. von den Versuchspersonen die Unterscheidung von Tönen als Primäraufgabe (wichtigere Aufgabe) und die Unterscheidung von visuellen Reizen als Sekundäraufgabe (weniger wichtige Aufgabe) und manipulierte systematisch das zeitliche Intervall zwischen den beiden Aufgaben durch das zeitliche Intervall zwischen Ton und visuellem Reiz. Welford beobachtete die stärksten Leistungseinbußen, wenn die beiden Aufgaben zeitgleich ausgeführt werden mussten. Diese Leistungseinbußen wurden sowohl in der Primär- als auch in der Sekundäraufgabe beobachtet. Mit zunehmendem Zeitintervall zwischen den Aufgaben wurde die Leistung in beiden Aufgaben besser. Zunächst und stärker profitierte dabei die Primäraufgabe. Da die Interferenz zwischen den Leistungen in Primär- und Sekundäraufgabe beobachtet wird, wenn sich die Aufgaben sowohl hinsichtlich der beteiligten Sinnessysteme voneinander unterscheiden (z. B. Ohren für die Unterscheidung von Tönen in der Primäraufgabe; Augen für die Unterscheidung von visuellen Reizen in der Sekundäraufgabe) als auch in Bezug auf die beteiligten Reaktionen oder Effektoren (z. B. Tastendruckantworten mit den Händen in der Primäraufgabe; verbale Antworten mit dem Mund in der Sekundäraufgabe), geht diese Leistungseinbuße nicht auf eine höhere Beanspruchung der peripheren Sinnesorgane oder der beteiligten Effektorsysteme zurück.

Diese Art der wechselseitigen Störung (oder Interferenz) der Leistungen in den beiden Aufgaben wurde daher auf einen zentral-nervösen oder „zentralen" Verarbeitungsengpass zurückgeführt, der in der Verarbeitung beider Reize, der Töne und der visuellen Reize, notwendig ist. So wie ein „Flaschenhals" (engl. „bottleneck") begrenzt, wie viel Flüssigkeit pro Zeiteinheit (z. B. Sekunde) aus der Flasche geschüttet werden kann, scheint eine zentrale „Flaschenhalsstruktur" in der psychischen Informationsverarbeitung zu begrenzen, wie viel Information pro Zeiteinheit verarbeitet werden kann.

Psychologische Refraktärzeit. Die Ergebnisse von Welford (1952) wurden als Ausdruck einer allgemeinen „psychologischen Refraktärzeit" (engl. „psychological refractory period", kurz **PRP**) aufgefasst. Die psychologische Refraktärzeit ist dabei diejenige Zeitdauer, die vergehen muss, damit ein zuerst verwendeter Mechanismus neuerlich verwendet werden kann. Der PRP-Effekt scheint zu belegen, dass Selektivität, hier die mehr oder minder gute Leistung bei der Verarbeitung von Reizen, die Folge begrenzter zentraler Verarbeitungskapazität sein könnte.

5.2 Broadbents Filtermodell der selektiven Aufmerksamkeit

Eine der ersten kognitionspsychologischen Erklärungen für verschiedene solcher Arten selektiver Aufmerksamkeit entwickelte Donald Broadbent (*1926, †1993) in seinem Buch „Perception and Communication" (1958). Broadbents Theorie zielte vor allem auf die Erklärung der Ergebnisse aus Untersuchungen des selektiven Hörens. Seit den vierziger Jahren des 20. Jahrhunderts war bekannt, dass es den Versuchsteilnehmern im psychologischen Experiment schwer fällt, nur einer von zwei gehörten Botschaften zu folgen, wenn diese Botschaften gleichzeitig und in gleicher Lautstärke beide Ohren erreichen und die Botschaften sich auch in weiteren physikalischen Merkmalen, etwa der Frequenz der Sprechstimme, nicht stark voneinander unterscheiden. Es war ebenfalls bekannt, dass sich die gegenseitige Interferenz beim Hören der Botschaften drastisch verringert, wenn die Versuchsteilnehmer die beiden Botschaften nicht auf beiden Ohren gleichzeitig, also binaural hören, sondern wenn nur je eine Botschaft pro Ohr, also dichotisch gehört wird. Das war das Ergebnis von Versuchen, bei denen nur eine der beiden dichotisch gehörten

Botschaften nachgesprochen („beschattet") und daher beachtet werden musste. Die Behaltensleistung für die Inhalte der beschatteten Botschaft beim dichotischen Hören ist sehr gut. Vom Inhalt der Botschaft auf dem nicht beachteten Ohr merkten die Versuchsteilnehmer sich hingegen nur wenig. Für die nicht beschattete Botschaft konnten die Versuchspersonen nur allgemeine Angaben machen, etwa ob die Botschaft von einer Männer- oder einer Frauenstimme gesprochen wurde.

Um Leistungen wie die beim dichotischen Hören zu erklären, konzipierte Broadbent eine kognitionspsychologische Theorie, in der die Aufmerksamkeit einem Filter entspricht, der Information zur Gedächtnisspeicherung durch einen Kanal begrenzter Kapazität auswählt. Broadbent identifizierte diejenigen Merkmale der Botschaft, die die Versuchsteilnehmer beschatten mussten, damit sie sich diese Merkmale merken konnten, also den Inhalt oder die Bedeutung der Botschaft, als diejenige Information, die beachtet und durch den Kanal weitergeleitet werden muss, damit sie verarbeitet und gespeichert werden kann, und aus demselben Grund auch ausgefiltert werden kann. Diejenige Information, die zur Steuerung der Filter verwendet werden kann, entspricht nach Broadbent hingegen den Merkmalen der Botschaft, die schon vor der Zuwendung der Aufmerksamkeit und unabhängig von Aufmerksamkeit wahrgenommen und behalten werden können. Zu dieser vor der Selektion, also prä-attentiv verfügbaren Information gehören nach Broadbent die physikalischen Merkmale der Botschaften, wie etwa die Position der Botschaft oder die Sprechstimme. Spätere Untersuchungen zeigten allerdings, dass auch Teile der Bedeutung der nicht beachteten Nachricht bemerkt wurden. So hören die Versuchspersonen es beispielsweise, wenn ihr eigener Name im nicht beachteten Ohr ausgesprochen wird, und die Versuchsteilnehmer wechseln beim Nachsprechen der Nachricht unwillkürlich auf das nicht beachtete Ohr, wenn eine Nachricht, die im beachteten Ohr begonnen wurde im nicht beachteten Ohr fortgesetzt wird.

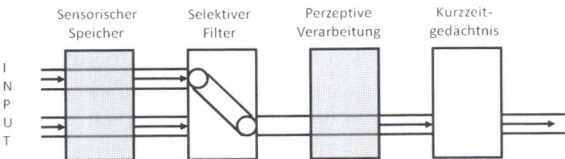

Abbildung 5.1: Illustration von Broadbents Filtermodell. Der Input wird gefiltert, so dass nur bestimmte Merkmale perzeptuell verarbeitet werden und in den Kurzzeitgedächtnisspeicher gelangen.

5.3 Automatische und kontrollierte Verarbeitung

Interferenz ist aber nicht immer zu beobachten und Interferenz wird nicht immer durch zu starke Beanspruchung hervorgerufen. Die Interferenz zwischen zwei Aufgaben kann z. B. ganz beseitigt werden oder vermindert sich zumindest als Folge von Übung der Aufgabe (Allport et al., 1972). Diese Beobachtung hat einige Forscher dazu veranlasst, die Annahme eines zentralen Engpasses der Verarbeitung ganz zu verwerfen. In Kapitel 1 hatten wir erörtert, dass das die Annahme der Tätigkeitstheorie der Aufmerksamkeit ist.

Andere Forscher sahen sich veranlasst zumindest zwei Formen der Informationsverarbeitung zu unterscheiden: kontrollierte und automatische Verarbeitung (Posner & Snyder, 1975).

Kontrollierte Verarbeitung. Nur die kontrollierte Verarbeitung, nicht aber die automatische Verarbeitung, beansprucht nach dieser Konzeption zentrale Kapazität. Die kontrollierte Verarbeitung ist demnach an eine Absicht zur Verarbeitung gebunden, einschließlich der Überwachung der Verarbeitung, und Bewusstsein der Versuchsperson für die bei der Verarbeitung verwendete Reizinformation. Da eine Absicht für die kontrollierte Verarbeitung unabdingbar ist, wird diese Art der Verarbeitung auch als „top-down"-gesteuerte oder zielgerichtete (engl. „goal-directed") Verarbeitung bezeichnet. Die kontrollierte Verarbeitung ist aufwendig und langsam, da auf die zentralen begrenzten geistigen Ressourcen zurückgegriffen werden muss. Diesen Aufwand kann man aber durch Übung reduzieren. Kontrollierte Verarbeitung ist daher vor allem typisch für neue und ungeübte Aufgaben. Ungeübte Leser müssen sich z. B. willentlich in das Gedächtnis rufen, welche Lautfolge einer bestimmten Buchstabenkombination entspricht. Sie müssen sich dazu die Buchstaben und ihre Bedeutung bewusst machen und die genaue Ausführung der Regeln zur Übersetzung von Buchstaben in Lautfolgen überwachen.

Automatische Verarbeitung. Die automatische Verarbeitung ist in allen drei genannten Beziehungen das Gegenteil der kontrollierten Verarbeitung. Automatische Verarbeitung erfolgt unwillkürlich und sie verlangt keine entsprechende Absicht seitens der Versuchsperson. Vielmehr lösen allein die Reize, die für die automatische Verarbeitung typisch sind, die passende automatische Verarbeitung selber aus. Deshalb wird diese Art der Verarbeitung auch als „bottom-up"-gesteuerte oder reizgetriebene (engl. „stimulus-driven") Verarbeitung bezeichnet. Automatische Verarbeitung verlangt kein oder nur ein geringes Bewusstsein für die verarbeiteten Reize und wenig Überwachung. Sie greift daher auch gar nicht oder nur gering auf die zentralen geistigen Ressourcen zu und ist folglich auch schnell. Automatische Verarbeitung ist entweder die

Folge von Übung oder sie entspricht einem arterhaltenden Vorteil, der sich im Zuge der Evolution als allgemeines Merkmal des geistigen Phänotyps einer oder mehrerer Spezies durchgesetzt hat.

Ein Beispiel für automatische Verarbeitung als Konsequenz von Übung ist das geübte Lesen. Die meisten Erwachsenen haben das Lesen geübt und lesen schnell. Geübtes Lesen erfolgt auch ohne starkes Bewusstsein für die dabei verwendeten Reize, also für Buchstaben und Wörter. Beim Lesen eines Romans ist das Bewusstsein des Lesers in der Regel stärker mit den bedeutungsabhängigen Vorstellungen als mit den Buchstaben und Wörtern selbst beschäftigt. Geübtes Lesen erfolgt außerdem ohne starke Überwachung der Teilschritte des Lesens. Viele geübte Leser lesen z. B. häufig lautsprachlich, d. h., begleiten das Lesen durch subvokales Aussprechen der gelesenen Wörter, obwohl die Wortbedeutung auch ohne subvokales Aussprechen und nur aufgrund visueller Buchstaben- und Wortmerkmale erkannt werden könnte. Würden die Teilschritte bei der automatischen Verarbeitung stärker überwacht und absichtlich gesteuert, würden Leser möglicherweise den zusätzlichen Teilschritt des subvokalen Lesens bemerken und einfach auslassen.

Automatische Verarbeitung als Konsequenz von Übung. An dieser Stelle muss festgehalten werden, dass automatische Verarbeitung nicht nur Vorteile mit sich bringt. Da rein visuelles Lesen schneller erfolgt als subvokal lautsprachliches Lesen, wäre es eigentlich ein Vorteil rein visuell zu lesen. Aber der hohe Grad der Automatisiertheit des lautsprachlichen Lesens immunisiert es gegen die willentliche Umstellung auf visuelles Lesen. Diese Tendenz der automatischen Verarbeitung, unwillkürlich und allein durch das Vorliegen der zur Routine passenden Reize ausgelöst zu werden, kann also ein Nachteil sein, wenn willentlich gut geübte und gewohnheitsmäßige Formen der Verarbeitung vorübergehend geändert werden sollen. Unter diesen Bedingungen erzeugt die Automatisierung als Konsequenz der Übung Fehler. Die Automatisierung führt zur gewohnheitsmäßigen Verarbeitung, obwohl die Absicht auf eine Variation der gewohnten Verarbeitung abzielt.

Diese Schlussfolgerung wurde in einer Untersuchung von Shiffrin und Schneider (1977) bestätigt und sie bildet den Kern der Fehlertheorie Reasons (1992). Shiffrin und Schneider ließen ihre Versuchspersonen für viele Durchgänge nach Zielbuchstaben oder Ziffern suchen. Die Zielbuchstaben oder Ziffern verlangten entweder immer eine bestimmte Reaktion (in der Bedingung mit fester Reiz-Reaktions-Regel) oder sie verlangten wechselnde Reaktionen (in der Bedingung mit wechselnder Reiz-Reaktions-Regel).

Shiffrin und Schneider erzielten eine Reihe von Ergebnissen, die mit den Annahmen der Theorie automatischer und kontrollierter Verarbeitung von

Posner und Snyder übereinstimmen. Zunächst bestätigte sich der positive Einfluss der Übung: Die Versuchspersonen wurden in beiden Aufgaben mit zunehmender Übung besser. Dieser Leistungsanstieg war außerdem an das Ausmaß der geistigen Beanspruchung gebunden. Der Leistungsanstieg durch Übung erfolgte bei geringerer geistiger Beanspruchung, also bei fester Reiz-Reaktions-Regel, schneller als bei höherer Beanspruchung, also bei variabler Reiz-Reaktions-Regel. In der letztgenannten Bedingung benötigten die Testpersonen auch in jedem Durchgang länger, um zwischen relevanten Zielreizen, etwa Buchstaben, und irrelevanten Reizen (Distraktoren), etwa Ziffern, zu unterscheiden. Eine zunehmend größere Distraktormenge (1 Distraktor vs. 3 Distraktoren), die die Testpersonen pro Durchgang zusammen mit dem Zielreiz sahen, wirkte sich vor allem in der Bedingung mit variabler Reiz-Reaktions-Regel negativ aus. In dieser Bedingung benötigen die Testpersonen länger, um ein Ziel unter 3 Distraktoren zu finden als es bei nur einem Distraktor zu finden. In Bedingungen mit fester Reiz-Reaktions-Regel machte es hingegen kaum einen Unterschied, ob 1 Distraktor oder 3 Distraktoren pro Bildschirm gezeigt wurden. Die Suchzeit bis zur Antwort auf den Zielreiz war unter diesen beiden Distraktorbedingungen bei fixer Reiz-Reaktions-Regel zumindest nach ausreichender Übung annähernd gleich und sie war immer kürzer als bei variabler Reiz-Reaktions-Regel.

Im Einklang mit den negativen Folgen von automatisierter Verarbeitung durch Übung fanden Shiffrin und Schneider außerdem, dass ihre Testpersonen größere Schwierigkeiten hatten, nach der ersten Hälfte des Experiments die Reiz-Reaktions-Regel umzulernen. In der Bedingung mit fester Reiz-Reaktions-Regel fiel es den Versuchspersonen z. B. sehr schwer, die nun irrelevanten Distraktoren (z. B. Buchstaben) zu ignorieren und die nun relevanten Zielreize (z. B. Ziffern) zu beantworten. Die Versuchspersonen reagierten häufig noch auf die ehemals relevanten Reize, die sie jetzt ignorieren sollten.

Automatische Verarbeitung: Reasons Fehlertheorie. Solche Arten von Fehlern durch automatisierte Verarbeitung wurden in Reasons (1992) Fehlertheorie als reizbedingte Fehler (engl. „capture errors") bezeichnet. Reizbedingte Fehler beruhen auf der Tendenz eines Reizes, eine routinemäßige, gut geübte und für diese Reize daher typische Form von psychischer Verarbeitung anzuregen.

Reason klassifizierte eine Reihe weiterer Fehlertypen, die auf den charakteristischen Merkmalen der automatisierten Verarbeitung beruhen. Assoziationsbedingte Fehler entstehen, wenn Assoziationen einen nicht-passenden Schritt in der automatischen psychischen Verarbeitung hervorrufen. Ein Beispiel ist, dass ein Schüler die Klassenlehrerin als „Mama" anspricht. Assoziationsbedingte Fehler beruhen vermutlich auf der geringen Überwachung der Teilschritte von automatisierter Verarbeitung. Weitere Konsequenzen der geringen Überwachung sind Auslassungen und Perseverationen (Wiederholungen) von Teilschritten automatischer Verarbeitung. Teilschritte der Verarbeitung werden manchmal unbemerkt ausgelassen und in anderen Fällen unbemerkt wiederholt. Gerade auch geübten Lesern kann es z. B. passieren, dass sie bei der Suche nach geeigneten Zitaten im Originaltext ganze Textabschnitte lesen, ohne sich den Inhalt des Textabschnittes zu vergegenwärtigen. Die Auslassung dieses Teilschrittes der Verarbeitung wird dann erst nach dem Lesen des entsprechenden Textabschnittes bemerkt. Auch die Perseveration von Teilschritten psychischer Verarbeitung, z. B. das unbeabsichtigte wiederholte Schreiben von Wörtern oder Buchstaben, kann als Konsequenz der geringen Überwachung bei automatisierter Verarbeitung erklärt werden.

Beschreibungsfehler (engl. „description errors") bestehen schließlich in einer fehlerhaften Verwendung von Gegenständen, die aufgrund einer oberflächlichen Merkmalsübereinstimmung, die Rolle der geeigneten Gegenstände während der routinemäßigen Verarbeitung übernehmen können. Ein geläufiges Bespiel für einen Beschreibungsfehler besteht im wiederholten Versuch, die eigene Wohnungstür mit dem Büroschlüssel zu öffnen. Auch dieser Fehler hat seine charakteristische Entsprechung in den Merkmalen automatisierter Verarbeitung: der geringen Bewusstheit für die verwendeten Reize.

Asymmetrische Interferenz als Folge automatischer Verarbeitung: Stroop-Effekt. Weiter oben hatten wir angegeben, dass Interferenz nicht immer beobachtet werden kann und dass sie zuweilen auch nicht symmetrisch gestaltet ist. Mit asymmetrischer Interferenz bezeichnet man dabei die Beobachtung, dass die Leistung in Aufgabe A die Leistung in Aufgabe B stärker stören kann als die Leistung in Aufgabe B die Leistung in Aufgabe A. Im vorangegangenen Abschnitt haben wir erklärt, dass fehlende Interferenz als Konsequenz automatisierter Verarbeitung verstanden werden kann. Im Folgenden werden wir darstellen, dass auch asymmetrische Interferenz auf automatisierte Verarbeitung zurückgeführt werden kann.

Ein Beispiel dafür, dass asymmetrische Interferenz eine Folge automatischer Informationsverarbeitung sein kann, ist der Stroop-Effekt. Stroop (1935) zeigte seinen Probanden Farbwörter und Zeichenketten. Beide Arten von Reizen konnten in unterschiedlichen Farben gedruckt sein. In inkongruenten Bedingungen stimmte die Bedeutung der Farbwörter nicht mit der Druckfarbe überein: Das Wort „BLAU" wurde z. B. gelb gedruckt. In neutralen Bedingungen verwendete Stroop hingegen farbbedeutungslose Zeichenketten statt der Farbwörter: Eine Reihe von Symbolen wurde z. B. gelb gedruckt. Beim Benennen der inkongruenten Druckfarben zeigte sich Interferenz: Das Benennen der Druckfarben in inkongruenten Bedingungen erfolgte langsamer als das Benennen der Druckfarben in neutralen Zeichenketten. Dass diese Interferenz asymmetrisch war, zeigte sich in einer zweiten Bedingung, in der die Farbwörter zu lesen waren und entweder in inkongruenter Farbe oder neutral (schwarz) gedruckt waren. Hier zeigte sich keine Interferenz, also keinerlei Verzögerung der Lesegeschwindigkeit durch inkongruente im Vergleich zu neutralen Druckfarben. Die asymmetrische Interferenz wurde auf die Automatisiertheit des Lesens zurückgeführt. Nach dieser Erklärung riefen die Farbwörter bei den Versuchspersonen unwillkürlich eine Tendenz hervor, die Wörter auch in der Aufgabe zu lesen, in der die Versuchspersonen die Druckfarben benennen sollten. Das automatische Lesen interferierte in diesen inkongruenten Bedingungen mit der Benennung der Druckfarbe, da die gelesene Farbbedeutung nicht mit der Druckfarbe übereinstimmte. Beim Lesen der Farbwörter gab es hingegen keine gleichartige Interferenz, da die unwillkürliche Tendenz zum Lesen der Wörter, der gestellten Aufgabe der Versuchspersonen entspricht.

Natürlich könnte man auch versuchen, die asymmetrische Stroop-Interferenz des Lesens (der Wortbedeutung) auf das Benennen (der Druckfarben) bei gleichzeitig fehlender Interferenz des Benennens, ohne Rückgriff auf automatische Verarbeitung zu erklären. Dazu müsste man annehmen, dass das Benennen der Druckfarben mehr Kapazität beansprucht als das Lesen. Dann könnte das von der zentralen Kapazität geringer abhängige Lesen interferenzfrei erfolgen, obwohl das Benennen von Druckfarben gestört wird. Dazu ist allerdings dreierlei zu bemerken. Oben haben wir bereits dargestellt, dass es Formen von automatischer Interferenz gibt, die im Experiment hervorgerufen werden (z. B. Shiffrin & Schneider, 1977). Es wäre also notwendig, zwei Erklärungen, eine für den Stroop-Effekt, eine für Ergebnisse wie die von Shiffrin und Schneider, zu geben. Das ist offensichtlich weniger sparsam als eine Erklärung für beide Datenmuster, den Stroop-Effekt und die Ergebnisse von Shiffrin und Schneider, anhand von erhöhter Interferenz durch besser geübte und höher automatisierte Verarbeitung. Zweitens, hat man nichts weiter als einen zirkulären Schluss gezogen, wenn man aus der beobachteten asymmetrischen Stroop-Interferenz auf mangelnde Kapazität in der Farbdruckbenennungsaufgabe, nicht aber in der Farbwortleseaufgabe als Ursache der asymmetrischen Interferenz schließt. Drittens, ist es gerade im Falle des Stroop-Effektes unwahrscheinlich, dass das Benennen von Druckfarben die Verarbeitung generell höher beansprucht als das Lesen von Wörtern, denn Analphabeten, z. B. Kinder, die noch nicht lesen (aber sprechen), können durchaus schon Druckfarben benennen. Das frühere Entwicklungsalter des Farbbenennens als des Lesens lässt es als unwahrscheinlich erscheinen, dass das Farbbenennen die schwierigere und stärker beanspruchende Leistung sein soll.

Heute weiß man, dass die hier besprochenen Merkmale der automatischen Verarbeitung nicht konvergieren. So weist die Zuwendung der Aufmerksamkeit auf plötzlich beginnende Einzelreize in der Peripherie des Gesichtsfeldes Merkmale der automatischen Verarbeitung auf, etwa eine hohe Geschwindigkeit der Zuwendung der Aufmerksamkeit, und kann trotzdem zumindest willentlich unterdrückt werden (z. B. Yantis & Jonides, 1990). Einige Autoren haben deshalb zwischen stark und schwach automatischer Verarbeitung unterschieden, und nehmen an, dass nur die stark automatische Verarbeitung nicht willentlich modifiziert oder unterdrückt werden kann. Aber auch die anderen Merkmale der automatischen Verarbeitung treten nicht immer gemeinschaftlich auf. So können auch Formen der absichtlichen Verarbeitung mit Reizen beobachtet werden, für die die Versuchspersonen kein Bewusstsein haben (Neumann & Klotz, 1994).

📖 Vertiefungsempfehlung

Kapitel ‚Aufmerksamkeit' und Kapitel ‚Selektive Aufmerksamkeit', in: Hagendorf, H., Krummenacher, J., Müller, H.-J., & Schubert, T. (2010). *Wahrnehmung und Aufmerksamkeit*. Heidelberg: Springer.

6

Visuelle Wahrnehmung: Farbe und Kontrast

Bislang haben wir die Prinzipien der Wahrnehmung und der Aufmerksamkeit im Allgemeinen erörtert. In den nächsten beiden Kapiteln werden die dabei gewonnenen Einsichten am Beispiel der visuellen Wahrnehmung vertieft. Im vorliegenden Kapitel beginnen wir mit einem Überblick über die wichtigsten Charakteristika der Retina und erörtern ihre Leistungen bei der visuellen Farb- und Kontrastwahrnehmung. Danach erörtern wir die wichtigste Projektion der Retina zum ZNS über den LGN. Den Abschluss bildet eine erste Übersicht über die kortikale visuelle Verarbeitung. Diese Übersicht und die Beziehungen zur visuellen Aufmerksamkeit werden wir in den folgenden Kapiteln 7 und 8 vervollständigen.

6.1   Der Aufbau der Retina

Wenn man wie Helmholtz das Auge (siehe Abbildung 6.1) mit einer Kamera vergleicht, möchte man die Retina vielleicht mit dem Bildsensor vergleichen. Wie der Bildsensor reagiert die Netzhaut auf Helligkeit oder Luminanz. Hellig-keit wird physikalisch als Lichtstärke definiert und in Candela (cd) gemessen. Da sich die Wahrnehmungspsychologie aber in erster Linie mit leuchtenden Flächen, z. B. Bildschirmen, befasst, sind dort Leuchtdichteangaben (in cd/m²) üblicher. Wie der Bildsensor kann das Auge eine geringere Leuchtdichte durch eine längere Belichtungsdauer kompensieren. Damit beginnen aber bereits die Unterschiede zwischen Auge und Kamera. Den Begriff der Helligkeit verwen-det man in der Wahrnehmung nämlich nicht nur zur Bezeichnung der objek-tiv messbaren Leuchtdichte, er bezeichnet auch eine subjektive Empfindung. Diese wird zwar durch die objektive Leuchtdichte stark beeinflusst, aber nicht vollständig bestimmt. Viele physiologische Mechanismen bestimmen die sub-jektive Helligkeitsempfindung mit.

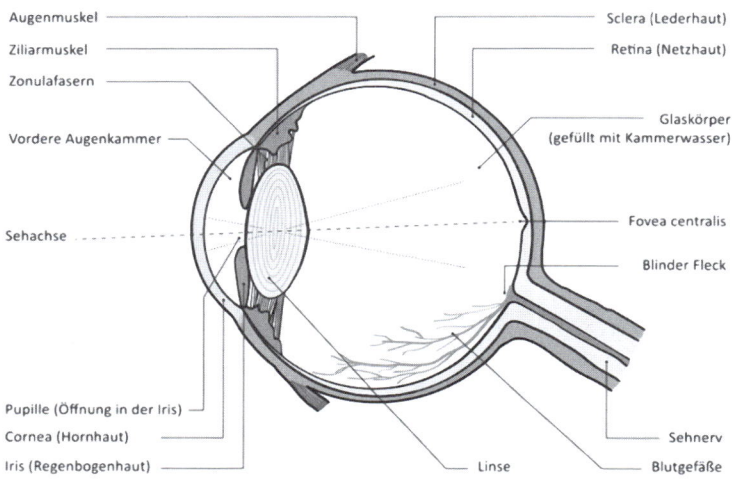

Abbildung 6.1: Schematischer Aufbau des Auges. Licht fällt durch die Linse und die Iris auf die lichtempfindliche Rückseite des Auges, die sogenannte Netzhaut oder Retina. Dort wird die Lichtenergie in einen Nervenimpuls übersetzt, der in Richtung des ZNS weitergeleitet wird.

Das Bloch'sche Gesetz. Im Gegensatz zum Bildsensor integriert das menschliche Auge nach dem Bloch'schen Gesetz Leuchtdichten an der Absolutschwelle des Sehens nur bis zu einer Reizdauer von etwa 60 Millisekunden: Innerhalb dieser Zeit verhält sich der Helligkeitseindruck proportional zur Leuchtdichte und zur Dauer des Reizes. Anders als es für die photografierte Helligkeit der Fall ist, können Belichtungszeiten über ca. 60 Millisekunden einen schwächeren Helligkeitseindruck durch die Retina nicht mehr kompensieren. Und das ist nicht der einzige Unterschied. Der Bildsensor liefert ein an allen Stellen des Mediums gleichermaßen genaues räumliches und farbliches Abbild. Ganz anders die Retina (siehe Abbildung 6.2); sie erreicht die höchste Farbunterscheidungsfähigkeit und die beste räumliche Auflösung in der **Fovea centralis**. Diese stellt nur einen kleinen Teil der Netzhaut dar. Den größeren Teil bilden die parafoveale Region und die Peripherie der Retina.

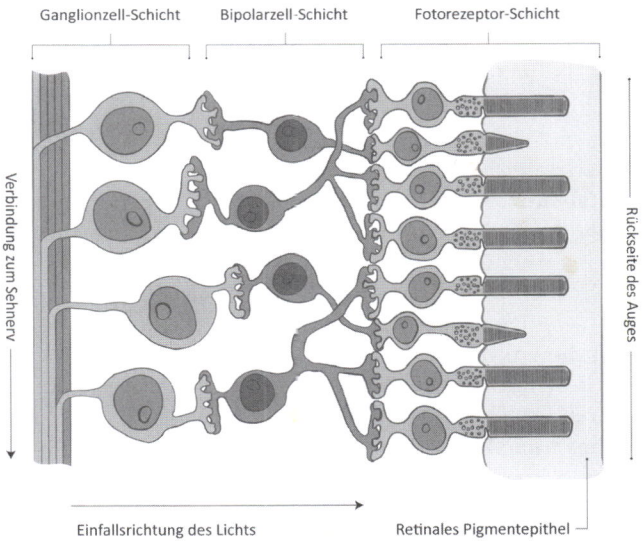

Abbildung 6.2: Schematische vereinfachte Darstellung der Retina. Die lichtempfindlichen Photorezeptoren an der Rückseite der Retina konvergieren über Zellen (wie z. B. die dargestellten Bipolarzellen) auf die Ganglienzellen. Von den Ganglienzellen wird die visuelle Information über den Sehnerv in das Gehirn übertragen.

Photorezeptoren, Ganglienzellen und rezeptive Felder. Dass nur die Abbildungen in der Fovea ein wirklich scharfes und optimales Farbsehen erlauben, ist der Grund für Blickbewegungen. Blickbewegungen dienen der Fokussierung von Objekten durch die Fovea. In der Fovea liegen nämlich die **Zapfen** in größter Dichte vor. Sie tragen stark zum Farbempfinden bei, denn sie sind *differentiell farbempfindlich* für unterschiedliche Teile des Lichtspektrums (siehe unten).

Die Zapfen haben außerdem eine hohe räumliche Auflösung. Die Projektionen weniger Zapfen konvergieren auf einzelne **retinale Ganglienzellen**. Die retinalen Ganglienzellen liefern die Ausgangssignale der Retina: Ihre Aktivität wird zum ZNS weitergeleitet. Aufgrund der geringen Konvergenz haben diese Ganglienzellen eine hohe räumliche Auflösung und kleine rezeptive Felder (RF). Als **RF** bezeichnet man dabei den Bereich der Umwelt für den ein Rezeptor (oder ein Neuron) sensibel ist. Als räumliche Auflösung bezeichnet man die kleinsten unterscheidbaren räumlichen Details.

Die Ganglienzellen der Zapfen geben diese präzisen räumlichen Details an das ZNS weiter: Sie haben ein ganz bestimmtes post-retinales Projektionsgebiet in den parvozellulären Schichten (P-Schichten) des LGN und in V1, dem primären Sehcortex.

Der weitaus größere Teil der Retina hat eine niedrigere räumliche Auflösung: Im parafovealen Bereich und peripheren retinalen Bereich liegen mehrheitlich sogenannte **Stäbchen**. Anders als Zapfen sind die Stäbchen nicht unterschiedlich farbempfindlich. Stäbchen konvergieren zu hunderten auf einzelne retinale Ganglienzellen. Daher ist ihre räumliche Auflösung geringer, ihre Helligkeitsempfindlichkeit aber höher als die der Zapfen: Im Bereich der Stäbchen genügt die Absorption weniger Photonen, um eine Ganglienzelle zu aktivieren. Auch die durch Stäbchen aktivierten Ganglienzellen geben die Information bevorzugt an ganz bestimmte post-retinale Gehirnstrukturen weiter. Es sind die magnozellulären Schichten (M-Schichten) des LGN.

Photopisches und skotopisches Sehen. Die geringere Helligkeitsempfindlichkeit der unterschiedlich farbempfindlichen Zapfen ist dafür verantwortlich, dass wir Farben nur tagsüber, bei ausreichenden Leuchtdichten, gut sehen können. Dieses Sehen mithilfe der Zapfen nennt man das **photopische Sehen**. Bei geringer Leuchtdichte werden hingegen nur noch die Stäbchen aktiviert. Da die Stäbchen nicht differentiell farbempfindlich sind, sehen wir bei geringer Leuchtdichte, z. B. nachts, Farben wesentlich schlechter als tagsüber. Das Sehen mit den Stäbchen bezeichnet man als **skotopisches Sehen**.

Helligkeit und Farbkontrast. Photopisches und skotopisches Sehen unterscheiden sich auch stark in ihrer Empfindlichkeit für Farbhelligkeitskontraste. Unter Kontrasten versteht man das Verhältnis zwischen Helligkeiten, beispielsweise das Verhältnis zwischen Vorder- und Hintergrundleuchtdichte. Die geläufigste Kontrastdefinition ist der Michelson-Kontrast, der als Verhältnis der (1) Differenz zwischen maximaler und minimaler Leuchtdichte ($L_{max} - L_{min}$) und der (2) Summe der beiden Leuchtdichten ($L_{max} + L_{min}$) ermittelt wird ($K_{Michelson} = [L_{max} - L_{min}]/[L_{max} + L_{min}]$).

Wie die Helligkeitsempfindung selbst ist auch die Kontrastempfindung nicht allein an die objektiv messbaren Leuchtdichteverhältnisse gebunden. Der Physiologe Jan Purkinje (*1787; †1869) beobachtete, dass ihm während der Dämmerung in seinem Garten zunächst die roten Blüten heller als die blauen Blüten erschienen. Als es dunkler wurde, kehrte sich dieser Kontrasteindruck um. Jetzt erschienen ihm die blauen Blüten heller als die roten. Der Grund für diesen **Purkinje-Effekt** ist die unterschiedliche spektrale Empfindlichkeit des photopischen und des skotopischen Sehens. Tags dominiert das photopische Sehen, bei dem die Zapfen den Helligkeitseindruck bestimmen. Sie haben ihre gemeinschaftliche maximale spektrale Empfindlichkeit im grünen bis gelb-grünen Spektralbereich des Lichts. Bei gleicher objektiver Leuchtdichte erscheint daher eine rote Blüte, deren Farbspektrum näher an Gelb-Grün liegt, tagsüber etwas heller als eine blaue Blüte. Abends und nachts dominiert hingegen das skotopische Sehen der Stäbchen, die ihre maximale spektrale Empfindlichkeit im blauen Bereich haben. Da das Farbspektrum blauer Blüten näher an diesem Bereich liegt als das der roten Blüten, erscheinen bei zunehmender Dunkelheit die blauen Blüten heller als die roten Blüten. Am Beispiel des Purkinje-Effektes können wir erkennen, dass physiologische Prinzipien, hier Merkmale der retinalen Architektur, qualitative Aspekte der Wahrnehmungsempfindung, hier der Helligkeitskontrastwahrnehmung, sehr gut erklären können.

6.2 Retinale Farbverarbeitung: Zapfentypen und retinale Gegenfarbzellen

In Kapitel 1 haben wir versprochen, den Leser an die Stichhaltigkeit der Erklärung von Empfindungen durch physiologische Prinzipien zu erinnern. Die Farb- und Helligkeitsempfindungen liefern Paradebeispiele für die Plausibilität physiologischer Erklärungen der bewussten Empfindungen. Im Bereich der retinalen Farbverarbeitung gibt es mindestens zwei solcher Beispiele, die wir in diesem und im nächsten Abschnitt erörtern.

Schon Thomas Young (*1773; †1829) und Hermann von Helmholtz hatten auf Basis der Beobachtung, dass sich die Farbempfindung von Weiß aus der Mischung des Lichtes der drei „Primärfarben", Rot, Blau und Grün ergibt, auf ein entsprechendes Dreifarbensehsystem (oder trichromatisches Sehen) des Menschen geschlossen.

Physiologische Untersuchungen der Retina bestätigten diese Vorhersagen. Oben wurde darauf hingewiesen, dass sich in der Fovea differentiell farbsensible Photorezeptoren konzentrieren. Es wurden drei Typen von Zapfen gefunden: S-Zapfen (S für engl. „short wavelength"), die für blaues Licht maximal empfindlich sind, M-Zapfen (M für engl. „medium wavelength"), die am empfindlichsten für grünes Licht und L-Zapfen (L für engl. „long wavelength"), die am empfindlichsten für oranges Licht sind.

Damit sind nur die maximalen Empfindlichkeiten bezeichnet. Jeder dieser Zelltypen ist nämlich für einen ganzen Bereich des sichtbaren Farbspektrums empfindlich. Das schmalste Spektrum besitzen die S-Zapfen, das breiteste die L-Zapfen. Gerade die L-Zapfen sind daher auch für langwelliges, rotes Licht sensibel.

Schon auf der Ebene der retinalen Verarbeitung werden die Aktivitäten der einzelnen Zapfentypen „verrechnet": Es gibt Ganglienzellen mit relativ breitem Spektrum, die additiv durch L-Zapfen und M-Zapfen (L+M-Zellen) aktiviert und als „Luminanzkanal" im Derrington-Krauskopf-Lennie (DKL) Farbraum bezeichnet werden (Derrington et al., 1984), und mindestens drei Arten von Gegenfarbzellen. Darunter zum einen die von Wiesel und Hubel (1966) nachgewiesenen „Grün-Rot-" und „Blau-Gelb-Zellen", sowie die später nachgewiesenen „Blau-Aus-Gelb-An-Zellen" mit sehr großen RF (sog. „Riesenzellen"; Dacey et al., 2005).

Die Aktivität der Gegenfarbzellen beruht auf ihrer Erregbarkeit und Hemmbarkeit durch unterschiedliche Zapfentypen: Jede Gegenfarbzelle reagiert so auf eine Farbdifferenz und wird durch die Anwesenheit bestimmter Farben aktiviert und die Anwesenheit anderer Farben gehemmt. Sowohl M- als auch L-Rezeptoren schalten z. B. gemeinschaftlich auf dieselben Grün-Rot-Gegenfarbzellen. Die Grün-Rot-Gegenfarbzellen können z. B. durch die Aktivität der M-Zapfen angeregt und durch die Aktivität der L-Zapfen gehemmt werden (L-M-Zellen). Blau-Gelb-Gegenfarbzellen können z. B. durch S-Zapfen aktiviert und durch den summierten Input aus L- und M-Zapfen gehemmt werden (S-[L+M]-Zellen). Für die Riesenzellen gilt immer die dazu umgekehrte Verschaltung: Sie werden durch L- und M-Zellen angeregt und durch S-Zellaktivität gehemmt.

Herings Gegenfarbtheorie und der DKL-Farbraum. Die retinale Verschaltung der Gegenfarbneurone wurde ebenfalls auf der Basis von Farbempfindungen vorhergesagt, namentlich auf Basis der **Gegenfarbtheorie** von Ewald K. Hering (*1834; †1918). Hering war der Überzeugung, dass es unmöglich sei, sich ein grünes Rot oder ein blaues Gelb überhaupt nur vorzustellen. Daher nahm er an, dass Rot und Grün sowie Blau und Gelb je ein Gegenfarbpaar bilden.

Im Einklang mit dieser Annahme hatte Hering beobachtet, dass nach der Betrachtung einer gelben, blauen, roten, grünen oder weißen Fläche bei der anschließenden Betrachtung einer weißen Fläche ein komplementär gefärbtes Nachbild wahrgenommen wird. Bei Gelbwahrnehmung ist das Nachbild blau, bei Blauwahrnehmung gelb, bei Rotwahrnehmung grün, bei Grünwahrnehmung rot und bei Weißwahrnehmung schwarz. Hering vermutete, dass diese **Sukzessivkontraste** durch die aktive Hemmung jeder Farbwahrnehmung durch ihre Gegenfarbe zustande kommen. Nach Herings Vermutung wird für die Dauer einer Farbstimulation die Farbempfindung durch die Farbe und ihre aktive Hemmung gemeinschaftlich bestimmt. Nach Wegfall der Farbstimulation bestimmt dann nur mehr die zuvor hemmende Aktivität der Gegenfarbe die Farbempfindung. Der Farbton, der im Nachbild gesehen wird, gibt daher Auskunft über die Identität der Gegenfarbe.

Diese Vermutung wurde teilweise durch **Simultankontraste** gestützt, die von Hering ebenfalls beobachtet wurden. Beim Simultankontrast sieht die Versuchsperson gleichzeitig zwei unterschiedliche Farben an benachbarten Orten im visuellen Feld. Wenn Herings Vermutung zutrifft, dass bei der Betrachtung einer isolierten Farbe eine Hemmung durch den Komplementärfarbkanal hervorgerufen wird, die den Farbeindruck der isolierten Farbe mindert, dann sollten sich bei der simultanen Betrachtung zweier angrenzender Gegenfarben die gegenseitigen Hemmprozesse aufheben und zur Verstärkung der Farbempfindung jeder einzelnen Farbe führen. Im Einklang mit dieser Annahme erscheint beim Simultankontrast z. B. ein Blau in der Umgebung eines Gelbs tatsächlich blauer als ohne benachbartes Gelb.

Allerdings haben psychophysische Untersuchungen ergeben, dass der Farbeindruck der durch die Verschaltung der Zapfen zu Gegenfarbganglienzellen entsteht, nicht mit dem Farbeindruck übereinstimmt, den Hering berichtete (z. B. De Valois et al., 2000). Die drei orthogonalen Achsen des DKL-Raumes, die sich durch die drei Farbkanäle Luminanz (L+M), „Grün-Rot" (L-M) und „Blau-Gelb" (S-[L+M]) ergeben, entsprechen eher Farbempfindungen zwischen den Polen Schwarz und Weiß (L+M), Rot und Cyan (L-M) und Bläulich-Violett und Gelblich-Grün (S-[L+M]) (vgl. Abbildung 6.3). (Es ist aber nach wie vor üblich die retinalen Gegenfarbkanäle mit den Heringschen Begriffen zu bezeichnen.)

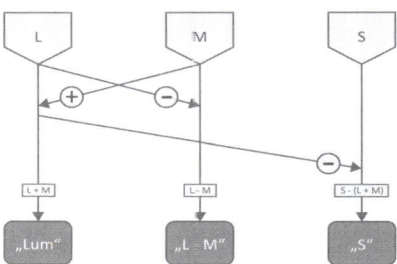

Abbildung 6.3: Verschaltung der unterschiedlichen Zapfentypen zu den Achsen des DKL-Raumes. „Lum" = Luminanz.

Hering erachtete seine Gegenfarbtheorie als Alternative zur Dreifarbentheorie von Helmholtz und Young, aber schon Johannes von Kries (*1853; †1928) integrierte die gegensätzlichen Positionen. In seiner Zonen-Theorie argumentierte von Kries, dass Verarbeitung in der peripheren Zone (in der Retina) der Dreifarbentheorie entspricht und Verarbeitung in der zentralen Zone (im ZNS) der Gegenfarbtheorie. Wie im vorangegangenen Abschnitt erläutert wurde, lag von Kries mit dieser Einschätzung sehr nahe an der Wahrheit.

6.3   Kontrastextraktion durch die Retina

Ein weiteres Beispiel für die Plausibilität einer naturwissenschaftlichen Erklärung visueller Empfindungen und eine tiefergehende Einsicht in das Prinzip der gegenseitigen Hemmung liefert der Helligkeitskontrast. Abbildung 6.4 zeigt zwei graue Scheiben, links auf weißem Grund, rechts auf schwarzem Grund.

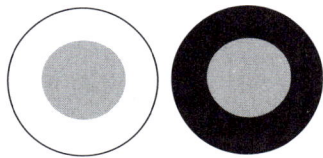

Abbildung 6.4

Die beiden grauen Scheiben sind exakt gleich hell. Dennoch erscheint die Scheibe links zumindest bei längerer Betrachtung der Scheiben dunkler als die rechts. Wir sehen eine Helligkeitskontrastverstärkung. Sie entspricht einem der drei Heringschen Gegenfarbprinzipien bei Simultankontrast. Der Grund für Helligkeitskontrastverstärkung ist laterale Hemmung zwischen den Horizontalzellen der Retina. Die Horizontalzellen bilden eine Schicht zwischen den Photorezeptoren und den Ganglienzellen der Retina: Horizontalzellen werden durch Photorezeptoren aktiviert und nehmen Einfluss auf den Output anderer Horizontalzellen. Jede Horizontalzelle wird zum einen proportional zur Helligkeit in ihrem eigenen RF aktiviert. Jede Horizontalzelle hemmt aber außerdem die Horizontalzellen benachbarter RF, wiederum proportional zur eigenen Aktivierung. So kommt es, dass jede Horizontalzelle auch proportional zur Helligkeit des Lichtes in den benachbarten RF deaktiviert wird. Die Helligkeitsempfindung für das Grau links auf der weißen Scheibe profitiert also im selben Ausmaß von seiner eigenen Helligkeit (im RF) wie das Grau rechts auf der schwarzen Scheibe von seiner. Aber die Helligkeitsempfindung für das Grau links auf der weißen Scheibe ist viel stärker von lateraler Hemmung durch ein benachbartes helles RF betroffen als die des Graus rechts auf der schwarzen Scheibe durch ein benachbartes dunkles RF.

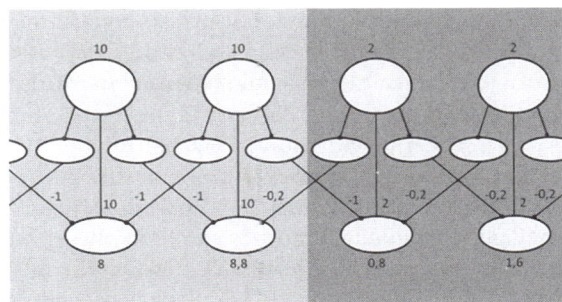

Abbildung 6.5: Schematisch dargestellt sind: retinale Zellen (weiße Ellipsen) und ihre Verbindungen (schwarze Linien); die Aktivierungen, die sich aus der Helligkeit der eigenen RF der Photorezeptoren ergeben (Zahlen über der oberen Schicht); und die Aktivierungen, die sich aus der Helligkeit der eigenen und der Helligkeit der benachbarten Felder ergeben (Zahlen unter der unteren Schicht). Die Zahlen an den unteren Verbindungen geben an, welche Aktivierungsbeträge für die untere Zellschicht addiert werden müssen, um die Gesamtaktivität der Zellen der unteren Zellschicht zu bestimmen. Für weitere Erklärungen, siehe Text.

In Abbildung 6.5 ist das Prinzip der lateralen Hemmung noch einmal schematisch dargestellt. Das hellere RF, dargestellt als hellgraue Hintergrundfläche links, erzeugt auf der in der Abbildung oberen Input-Schicht eine stärkere Aktivierung von 10 als das dunklere RF rechts, mit einer Aktivierung von 2. Diese Aktivierungen werden an die Zellen der unteren Output-Schicht weitergeleitet. Jede Zelle der unteren Schicht leidet außerdem unter einer (um den Faktor 10 geminderten) lateralen Hemmung durch die Aktivierung der Zellen der benachbarten RF. Zellen mit dunklem benachbartem Feld (mit Aktivierung von 2) erfahren so eine geringe Hemmung von −0.2. Zellen mit hellem benachbartem Feld (mit Aktivierung von 10) erfahren eine starke Hemmung von −1. So ergeben sich auf der unteren Output-Ebene Differenzen der eigenen Aktivierung minus der Hemmung durch die benachbarten Zellen.

Im Effekt entsteht an den Kanten zwischen hellen und dunklen Flächen eine kontrastverstärkte Repräsentation der Kante, in der die helle Seite der Kante weniger laterale Hemmung durch die dunkle Kante erfährt und daher heller erscheint, und die dunkle Seite der Kante mehr laterale Hemmung durch die helle Kante erfährt und daher dunkler erscheint.

Retinale Kontrastermittlung durch Center-Surround-Verschaltungen. Das Prinzip der gegenseitigen Hemmung zwischen Neuronen, das wir am

Beispiel der lateralen Hemmung bei der Kontrastverstärkung kennengelernt haben, wird auf retinaler Ebene und an anderen Stellen des ZNS, wie dem LGN und dem Cortex, in der sogenannten **Center-Surround-Verschaltung zur Kontrastermittlung** verwendet. Auf der Ebene retinaler Ganglienzellen gibt es zwei Arten von Center-Surround-Verschaltungen. Retinale Ganglien-zellen vom On-Center-Off-Surround-Typ erhöhen ihre Aktivität in Antwort auf Helligkeit im Zentrum ihres RF und auf Dunkelheit in der Peripherie ihres RF. Bei gleichmäßiger Helligkeit über das gesamte RF dieser Zellen ändert sich die Zellaktivität hingegen nicht. Bei der Off-Center-On-Surround-Verschaltung verhält es sich umgekehrt. Diese retinale Ganglienzelle erhöht ihre Aktivität bei Dunkelheit im Zentrum und Helligkeit in der Peripherie ihres RF. Sie verrin-gert ihre Aktivität bei Helligkeit im Zentrum und Dunkelheit in der Peripherie. Wieder ändert sich die Spontanaktivität der Zelle bei gleichmäßiger Helligkeit über ihr komplettes RF in keiner Weise. Beide Center-Surround-Verschaltungen beruhen auf lateraler Hemmung zwischen Zellen räumlich benachbarter RF. In der Retina sind die RF der Center-Surround-verschalteten Ganglienzellen konzentrisch und wachsen mit dem Abstand von der Fovea.

6.4   Die retino-geniculate Projektion und der Nucleus geniculatum laterale

Die größte Faserverbindung zieht von der Retina über den im Thalamus gelege-nen Nucleus geniculatum laterale (LGN) in Richtung visueller Cortex, aber der LGN ist nicht nur eine afferente Projektion für visuelle Daten auf dem Weg zum Cortex. Die entsprechenden Verbindungen von der Retina machen nur ca. 7 % aller afferenten Inputs des LGN aus. Der ganz überwiegende Teil von mehr als 90 % der Afferenzen des LGN kommt aus dem Cortex. Diese Beobachtung bildet das Fundament neuer Theorien, in denen der LGN eine aktive Rolle bei der visuellen Verarbeitung innehat.

Laminierung des LGN. In Bezug auf die retino-geniculaten Verbindungen gilt, dass die **instationären retinalen Ganglienzellen** zu den beiden breiten M-Schichten und die **stationären retinalen Ganglienzellen** zu den vier breiten P-Schichten des LGN projizieren. Dazwischen liegen 3 dünnere Paare *koniozellu-lärer Schichten* (K-Schichten). Alle Schichten sind retinotop organisiert und nach rechtem und linkem Auge getrennt, wobei sich die Augendominanz von Schicht zu Schicht abwechselt.

Die Trennung des skotopischen und des photopischen Sehens bleibt durch die Selektivität der Afferenzen der stationären und instationären Zellen respektive P- und M-Schichten auf Ebene des LGN gewahrt. Die mittleren K-Schichten erhalten ihren retinalen Input von den S-Zapfen und den Blau-An-Gelb-Aus-Gegenfarbzellen, während die dorsalen (zum Rücken hin gelegenen) K-Schichten, ähnlich den M-Schichten, vor allem niedrig räumlich auflösende visuelle Daten von der Retina zum Cortex übertragen und die ventralen (zum Bauch hin gelegenen) K-Schichten als einzige Zellen des LGN Verbindungen mit den Colliculi superiores (SC) unterhalten.

Funktionen des LGN. Wie man sich denken kann, ergeben sich die Funktionen der LGN-Schichten weitgehend aus ihren retinalen Afferenzen. Die P-Schicht- und die mittleren K-Schicht-Projektionen zum primären visuellen Cortex tragen zum Farb-, Form- und Oberflächenstruktursehen bei. Die M-Schicht-Projektionen zum primären visuellen Cortex sind für visuelles Orientierungs- und Bewegungssehen zentral. Besonders interessant: Ein Teil der K-Neurone projiziert direkt zur Area MT (zur medio-temporalen Region) des visuellen Cortex, einem Areal, das mit der Verarbeitung visueller Bewegung befasst ist (Sincich et al., 2004). Dass diese Verbindung der K-Zellen nicht über den primären visuellen Cortex erfolgt, könnte den Grund haben, dass so Verarbeitungszeit gespart wird. Diese Ersparnis dürfte insbesondere zum Erfolg der Handlungssteuerung beitragen, da diese kritisch von der Synchronisation der visuellen Verarbeitung mit der Umwelt abhängt.

Einige Autoren weisen auf eine Rolle des LGN für visuelle Aufmerksamkeit hin: Der LGN kann durch die kortikalen Afferenzen auf bestimmte visuelle Daten voreingestellt werden (Sherman & Guillery, 2002). Ähnlich wie ein Filter könnte der voreingestellte LGN die Weiterleitung spezifischer, verhaltensrelevanter visueller Daten schon früh während der Verarbeitung verstärken und irrelevante Daten dämpfen (O'Connor et al., 2002).

Andere Autoren vermuten, dass die reziproken Verbindungen zwischen LGN und Cortex zum bewussten Sehen beitragen könnten (Haynes et al., 2005). Den Probanden dieser Untersuchung wurden je zwei Bilder gleichzeitig gezeigt, eines dem linken, das andere dem rechten Auge. Unter diesen Bedingungen stehen die Augen in binokularer Rivalität zueinander: Zumeist dominiert nur ein Auge den bewussten Seheindruck. Haynes et al. (2005) zeichneten BOLD-Antworten im fMRT auf und ließen ihre Probanden den bewussten Seheindruck berichten. Im Einklang mit einer Rolle des LGN für das bewusste Sehen zeigten sich gewahrseinsabhängige Veränderungen der BOLD-Antwort im LGN, die durch den bewussten Seheindruck bedingt waren.

6.5   Visuelle Verarbeitung im Cortex

Bei so viel Raffinesse der retinalen und thalamischen Verarbeitung könnte
man vermuten, damit sei die visuelle Verarbeitung zumindest von Farbe und
Kontrast abgeschlossen. Das ist nicht der Fall. Sowohl die Farb- als auch die
Kontrastverarbeitung werden auf der Ebene des visuellen Cortex fortgesetzt.

Farbkonstanz. In Bezug auf Farbe gilt, dass retinale Ganglienzellen die
Farbkonstanz nicht erklären können. Mit Farbkonstanz bezeichnet man, dass
sich die Farbempfindung für einen farbigen Gegenstand bei der Beleuchtung
durch unterschiedlich farbige Lichter nicht ändert. Ein grüner Apfel erscheint
dem Betrachter z. B. stets grün, egal ob er ihn im Tageslicht betrachtet oder
unter einer Glühlampe. Das ist der Fall, obwohl Tageslicht einen höheren
Blauanteil und Glühlampenlicht einen höheren Rotanteil aufweist. Der Apfel
müsste dem Betrachter daher bei Tageslicht eigentlich bläulicher als bei Glühlampenlicht erscheinen. Wieso ist das nicht der Fall?

Edwin Herbert Land (*1909, †1991) hatte in den siebziger Jahren des 20. Jahrhunderts eine **Retinex-Theorie** (benannt nach „Retina" und „Cortex") zur Erklärung von Farbkonstanz entwickelt. Land hatte argumentiert, dass Farbkonstanz
auf die Subtraktion des auffallenden Umgebungslichtes zurückgeführt werden
könnte. Wie sich herausstellen sollte, können Doppel-Opponenten-Neurone, die
in V1 nachgewiesen wurden, genau das (Conway, 2001). Doppel-Opponenten-
Neurone haben antagonistisch organisierte räumliche *und* antagonistisch organisierte farbliche RF (vgl. Abbildung 6.6). Ein Doppel-Opponenten-Neuron
könnte z. B. für die Anwesenheit von Grün und die Abwesenheit von Blau im
räumlichen Zentrum des RF sensibel sein, und für die Abwesenheit von Grün
und die Anwesenheit von Blau in der Peripherie. Diese Zelle würde auf grüne
Objekte im Zentrum des RF reagieren. Gleichzeitig würde eine solche Zelle
blaues Licht im Zentrum *und* in der Peripherie des RF ausfiltern, da sie nicht
auf dieses Licht reagiert: Die Aktivierung der Zelle durch das blaue Licht in der
Peripherie des RF würde nämlich durch die Hemmung der Zelle durch blaues Licht im Zentrum des RF neutralisiert. Dieser Zelltyp erklärt also, warum
der Apfel konstant grün erscheint, egal ob er bei Tages- oder Glühlampenlicht
betrachtet wird.

Das Prinzip der Farbkonstanz durch Doppel-Opponenten-Neurone funktioniert, wenn zwei Voraussetzungen erfüllt sind. Zum einen muss das auffallende
Licht aus möglichst unterschiedlichen spektralen Bestandteilen zusammengesetzt sein. Zum anderen muss das Objekt von diesem Licht umgeben sein.
Wenn das Licht nur auf das in Frage stehende Objekt fällt, kann es durch die

antagonistischen Zellantworten auf Licht im Zentrum und in der Peripherie des RF nicht neutralisiert werden.

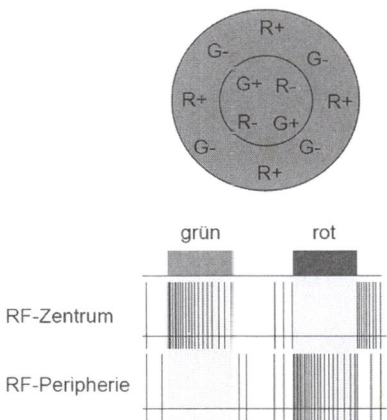

Abbildung 6.6: Schematische Darstellung eines Doppel-Opponenten-Neurons. Diese Zelle reagiert auf grün mit Aktivierung (G+), sofern grünes Licht im Zentrum des RF der Zelle vorliegt. Das ist links in der zweiten Zeile von unten durch die senkrechten Markierungen dargestellt. Jede Markierung entspricht einem Nervenimpuls. Grünes Licht im Zentrum führt zu Nervenimpulsen. Dasselbe Neuron reagiert auf grünes Licht im peripheren RF mit Hemmung (G−). Auf rotes Licht reagiert das Neuron genau umgekehrt: Mit Aktivierung (R+) in der Peripherie und Hemmung (R−) im Zentrum ihres RF.

Einfache und komplexe kortikale Zellen. Auch in Bezug auf die visuelle Kontrastverarbeitung setzt V1 die Arbeit der Retina fort. Die retinalen Ganglienzellen sind zwar kontrastempfindlich, aber die Entdeckung von Kanten und mithin Formen erlauben diese Zellen noch nicht. Da eine Kante aus einer Reihe von Hell-Dunkel-Kontrastpunkten besteht, müssen eine Reihe von Ganglienzellen miteinander verschaltet werden, um eine Kante zu entdecken. Genau das leisten **einfache kortikale Zellen**. Sie stellen Kantendetektoren dar. Diese Zellen haben rechteckige rezeptive Felder. Sie reagieren bevorzugt auf eine charakteristische Orientierung an einem bestimmten Ort ihres rezeptiven Feldes (vgl. Hubel & Wiesel, 1959, für die ersten Daten bei Katzen). Einige dieser Zellen reagieren beispielsweise bevorzugt auf senkrechte Kanten, andere auf waagerechte, und wieder andere auf um 45° geneigte Kanten. Auf dieselben

Orientierungen in einem anderen Bereich ihres rezeptiven Feldes oder auf alternative Orientierungen reagieren die einfachen Zellen nicht. Erst **komplexe Zellen** reagieren unabhängig vom genauen Ort ihrer bevorzugten Orientierungen im RF. Mehrere einfache Zellen derselben Orientierungsempfindlichkeit müssen auf eine komplexe Zelle schalten, um diese Leistung zu ermöglichen.

Kortikale visuelle Merkmalskarten. Wir hatten schon im Kapitel Methoden erörtert, dass die Architektur von frühen visuellen Arealen weitgehend, wenn auch nicht vollständig, einer für Merkmale separierten und retinotopen Verarbeitung entspricht. Erst im Zuge der weiteren Verarbeitung werden diese Merkmale integriert. Diese Beobachtung stand Pate bei der Formulierung der Merkmalsintegrationstheorie und der Salienz-Theorie der Aufmerksamkeit. In beiden Theorien wurde vermutet, dass frühe kortikale visuelle Verarbeitung für die Ausrichtung der Aufmerksamkeit verantwortlich sein könnte. Im Einklang mit dieser Annahme wird die Verarbeitung und Integration von Kontrast, Farbe und Form in verschiedenen Arealen des visuellen Cortex fortgesetzt, die mit Area V1 verbunden sind, wie V2 (Luminanz- und Farbverarbeitung), V4 (Kontrast- und Aufmerksamkeitseffekte) und die Projektionsgebiete im Infero-Temporalcortex (**IT**) (z. B. Objektsehen; Gesichtersehen; siehe auch Kapitel 8).

In neueren Theorien der Aufmerksamkeit wird allerdings betont, dass die Merkmale der Aufmerksamkeitssteuerung nicht identisch mit den Merkmalen der frühen visuell-kortikalen Areale sind (Wolfe & Horowitz, 2004). So gibt es Arbeiten, in denen gezeigt wurde, dass selbst so komplexe Reize wie säuerlich schauende Gesichter die Aufmerksamkeit unwillkürlich anziehen könnten (Eastwood et al., 2001). Das sind Leistungen, die nicht auf der Verarbeitung in V1 beruhen können. Vermutlich ist im Sinne eines „gewichteten Wettbewerbs" (engl. „biased competition") zwischen Objekten, Merkmalen oder auch Orten eine Vielzahl unterschiedlicher neuronaler Strukturen und Gehirnareale an der Selektion von visueller Information beteiligt (vgl. Desimone & Duncan, 1995).

📖 Vertiefungsempfehlung

Hansen, T., & Gegenfurtner, K. R. (2007). ‚Color Processing', in: Windhorst, U., Binder, M., & Hirokawa, H. (Hrsg.). *Springer Encyclopedia of Neuroscience*. Heidelberg: Springer.

7 Visuelle Wahrnehmung: ein sensumotorischer Prozess

In diesem Kapitel werden wir zunächst erörtern, dass Sehen ein sensumotorischer Prozess ist, bei dem Augenbewegungen und Reizung durch Licht zusammenwirken, um den Seheindruck zu erzeugen. Wir werden uns außerdem mit der Rolle der Colliculi superirores für die unwillkürliche Aufmerksamkeit beschäftigen. Zum Abschluss des Kapitels erörtern wir Modelle des bewussten und unbewussten kortikalen Sehens, die uns verständlich machen, warum wir uns während des Sehens der daran beteiligten Augenbewegungen oft kaum gewahr sind.

7.1 Augenbewegungen und Sehen

Helmholtz hatte das menschliche Auge mit einer, wenn auch schlechten, Kamera verglichen; und tatsächlich wird ein Bild der Umgebung, auf dem Kopf stehend und seitenverkehrt auf der Retina abgebildet. Es gibt aber auch Unterschiede. Im vorhergehenden Kapitel hatten wir bereits einige genannt. Ein weiterer, sehr wesentlicher Unterschied ist, dass die Kamera ruhig stehen darf, das Auge des menschlichen Betrachters aber nicht. Das ergibt sich aus Untersuchungen mit retinal stabilisierten Bildern. Diese bewegen sich nicht über die Retina, selbst wenn das Auge bewegt wird. Um retinale Stabilisierung zu erreichen, verlagert man im Experiment das Bild gemeinsam mit dem Blick des Betrachters, entweder indem man das Auge ruhig stellt, oder indem man das Bild technisch mit den Augenbewegungen verlagert. So kompensieren Wahrnehmungsforscher die Verlagerung des retinalen Abbildes von ruhenden Gegenständen, die Blickbewegungen des Betrachters sonst zwingend nach sich ziehen. Riggs et al. (1953) beobachteten, dass die Wahrnehmbarkeit bei retinal stabilisierten Bildern leidet. Der Effekt der retinalen Stabilisierung reicht bis zum vollständigen Verschwinden der Wahrnehmungsgegenstände aus dem Bewusstsein des Betrachters.

Retinal stabilisierte Bilder. Forschung mit retinal stabilisierten Bildern belegt, dass die Blickbewegungen des Betrachters für das bewusste Sehen notwendig sind. Einige Autoren vermuten, dass darin auch der Zweck der kleinen Blicksprünge begründet ist, die jeder Betrachter während der Fixationen ausführt (Martinez-Conde et al., 2004). Das Auge steht während der Fixation nämlich nur vermeintlich still. In Wirklichkeit führt der Betrachter auch bei Fixationen immer sehr kleine Augenbewegungen aus. Sehen muss daher als sensumotorischer Prozess verstanden werden. Das heißt, dass motorische Verarbeitung, in Form von Augenbewegungen, und sensorische Verarbeitung, in Form der Reizung lichtempfindlicher Photorezeptoren, ineinandergreifende Prozesse des Sehens darstellen.

Akkommodation. Die sensumotorische Natur des Sehens wird auch durch die Akkommodation des Auges belegt. Jedes Auge besitzt an der Vorderseite eine lichtdurchlässige Linse. Durch diese Linse fällt das Licht auf die Retina. Als Betrachter bemerken wir es kaum, aber die Linse müssen wir durch aktives Betätigen der Ziliarmuskeln, die die Linse umschließen, mehr oder minder stark wölben, um Gegenstände bei unterschiedlichem Betrachtungsabstand scharf auf der Netzhaut abzubilden. Die Linsenwölbung bestimmt nämlich die Brechkraft des Auges für das einfallende Licht. Je näher sich ein Gegenstand am Auge befindet, umso stärker muss die Linse gewölbt werden, damit der Gegenstand scharf auf der Netzhaut abgebildet wird. Für die Fokussierung von Gegenständen in unterschiedlichen Tiefenebenen des Raumes muss die Linse deshalb aktiv verstellt werden. Diesen Vorgang nennt man Akkommodation.

Konvergenzbewegungen. Eine weitere mit der Akkommodation eng zusammenhängende sensumotorische Leistung des Sehens betrifft die Konvergenzbewegungen der Augen. Die beiden Augen liegen an zwei unterschiedlichen Stellen des Kopfes. So bildet jedes der beiden Augen je einen vom anderen Auge leicht verschiedenen Bereich des visuellen Gesichtsfeldes ab. Damit wir die Gegenstände in einer Tiefenebene des Raums nicht als Doppelbilder sehen, müssen diese Gegenstände auf zueinander korrespondierenden Netzhautstellen der beiden Augen abgebildet werden können. Korrespondierende Netzhautstellen sind diejenigen Stellen auf den beiden Retinae, die denselben Stellen auf der jeweils anderen Retina entsprechen. Das Problem besteht nun darin, dass die Lage der korrespondierenden Netzhautstellen, die durch den fixen Abstand zwischen den Augen bedingt ist, vom Betrachtungsabstand zwischen Betrachter und Gegenstand abhängt. Um diese Änderungen bei der Betrachtung von Gegenständen in unterschiedlichen Tiefenebenen auszugleichen und jeden Gegenstand auf korrespondierende Netzhautstellen abzubilden, muss der Betrachter den Konvergenzwinkel zwischen seinen Augen der Objektentfernung anpassen. Der erforderliche Konvergenzwinkel ist umso größer oder stumpfer, je näher der betrachtete Gegenstand am Auge liegt. Der Betrachter vergrößert den Konvergenzwinkel durch die Drehung der Augen zur Nasenwurzel. Nur wenn der Konvergenzwinkel stimmt und das retinale Bild auf korrespondierenden Netzhautstellen beider Augen entsteht, kann das Bild zu einem scharfen Eindruck des fokussierten Gegenstandes durch beide Augen verrechnet werden.

Die referierten Beispiele illustrieren, dass Sehen ein sensumotorischer Prozess ist, in dem ein angestrebter (z. B. bewusster oder scharfer) Seheindruck als Steuergröße die Ausführung motorischer Reaktionen bestimmt. Das wird häufig übersehen, denn als Betrachter sind wir uns dieser Tätigkeiten während des Sehens kaum gewahr: Die Bewegungen der Ziliarmuskeln bei der Akkommodation, die kleinen Blickverlagerungen während der Fixation und die Veränderung des Konvergenzwinkels führen wir zwar ständig aus, aber wir bemerken sie kaum. Es ist also gerade die Handlungsseite des Sehens, derer wir uns kaum bewusst werden. Warum das so ist, das werden wir in diesem Kapitel erörtern.

7.2   Retinale Ganglienzellen und unwillkürliche Aufmerksamkeit

Seit ca. den sechziger Jahren des 20. Jahrhunderts ist bekannt, dass sich die retinalen Ganglienzellen des skotopischen Sehens auch durch eine höhere Kontrastsensibilität (z. B. Kaplan & Shapley, 1986; siehe Kapitel 6), eine höhere Empfindlichkeit für visuelle Bewegung und eine geringere Aktivierungslatenz (z. B. Schiller & Malpelli, 1977) von den Ganglienzellen des photopischen Sehens unterscheiden. Aufgrund der Aktivierungslatenzunterschiede hat sich für die retinalen Ganglienzellen des photopischen Sehens der Name stationäre Zellen (meint „stationär reagierende Zellen“, engl. „sustained“) und für die des skotopischen Sehens der Begriff der instationären Zellen (meint „instationär reagierende Zellen“, engl. „transient“) etabliert.

Diese beiden retinalen Zelltypen teilen sich die Arbeit der visuellen Analyse nach der Hypothese von Yantis und Jonides (1984) wie folgt: Die detaillierte Analyse der Farbmerkmale und feiner räumlicher Details wird durch die stationären Zellen der Fovea geleistet. Allerdings treffen wir hier auf ein Handlungsproblem des Sehens, denn zunächst muss der Blick dazu auf eine potentiell interessante Position gelenkt werden. Wie kann der Betrachter nun eine potentiell interessante Stelle im Gesichtsfeld für seine Blickbewegung auswählen, ohne zuvor schon dorthin geschaut zu haben?

Hier beginnt die Arbeit der instationären Zellen. Posner (1980) und Jonides (1981) hatten vermutet, dass neue visuelle Ereignisse interessant sein müssen. Das Auftreten neuer Ereignisse bedeutet, dass visuelle Daten verfügbar werden, die der Betrachter bislang noch nicht durch Fixationen näher inspizieren konnte. Glücklicherweise funktionieren die instationären Zellen wie ein Warnsystem für genau solche visuellen Veränderungen, die mit hoher Wahrscheinlichkeit noch nicht angeschaut wurden. Instationäre Zellen sind stärker in der Peripherie der Retina lokalisiert. Damit sind diese Zellen für den Teil des visuellen Feldes sensibel, in dem der Blick gegenwärtig noch nicht fixiert ist. Die instationären Zellen reagieren außerdem auf Bewegung und das sehr schnell. Da das plötzliche Auftreten eines neuen Objektes eine Form visueller Bewegung darstellt, erfüllen die instationären Zellen eine zu den stationären Zellen komplementäre Funktion, in dem sie potentiell interessante und noch nicht mit dem Auge fixierte Orte für die Zuwendung des Blickes markieren.

Im Einklang mit dieser Hypothese zeigten zahlreiche Untersuchungen, dass plötzlich in der Peripherie auftauchende visuelle Ereignisse unwillkürlich die Aufmerksamkeit anziehen. Eindrückliche Demonstrationen dieses Tatbestandes entstanden im Hinweisreizparadigma. In Kapitel 4 (Methoden) hatten wir erörtert, dass Posner und Kollegen Pfeile zentral in der Mitte des Bildschirms und daher foveal für das Auge als Hinweisreize dargeboten hatten. In validen Fällen zeigten die Pfeile auf den Ort eines nachfolgend erscheinenden Zielreizes in der visuellen Peripherie, in nicht-validen Fällen zeigten sie auf eine andere Position als die des Zielreizes. Diese fovealen Pfeile führten zwar zu einer Verlagerung der Aufmerksamkeit. Das konnte man an den schnelleren Antwortzeiten in validen Fällen erkennen. Die Probanden verlagerten die Aufmerksamkeit aber nur dann, wenn die Pfeile den Ort der Zielreize häufig richtig anzeigten.

Jonides (1981) konnte nun nachweisen, dass sich das bei peripheren Hinweisreizen anders verhält. Als peripheren Hinweisreiz zeigte er seinen Versuchspersonen einen kleinen Pfeil direkt an einem der möglichen peripheren Zielreizorte. Dieser kleine Pfeil war nichts anderes als ein plötzlich in der visuellen Peripherie auftauchendes visuelles Objekt zu Beginn eines jeden Versuchsdurchgangs, also optimales Reizmaterial zur Stimulation der instationären Zellen. In validen Bedingungen war der Pfeil am Ort des Zielreizes, in nicht-validen Bedingungen an einem anderen Ort als der Zielreiz. Obwohl der von Jonides verwendete periphere Hinweisreiz keinerlei Vorhersagekraft für den Ort des Zielreizes hatte, zog er die Aufmerksamkeit an: Die Antwortzeiten auf die Zielreize waren in validen Bedingungen kürzer als in nicht-validen Bedingungen.

Diese Beobachtung deckt sich mit der Annahme einer unwillkürlichen Zuwendung der Aufmerksamkeit nach Aktivierung der instationären Zellen durch ein plötzlich erscheinendes visuelles Objekt, hier durch den peripheren Hinweisreiz. Weil die Aufmerksamkeit nach Aktivierung der instationären Zellen unwillkürlich angezogen wird, müssen die Versuchspersonen keine Absicht zur aktiven Beachtung der Hinweisreizorte bilden. Daher ist unerheblich, ob die Hinweisreize den Versuchspersonen nützen oder nicht.

Im Einklang mit der Annahme der unwillkürlichen Aufmerksamkeitszuwendung durch die instationären Zellen konnte Jonides außerdem zeigen, dass seine Versuchspersonen die peripheren Hinweisreize auch dann nicht ignorieren konnten, wenn er sie explizit dazu aufgefordert hatte. D. h., dass die peripheren Hinweisreize die Aufmerksamkeit anzogen, selbst wenn ihnen eine andere Absicht entgegenstand.

Dieses Ergebnis steht in krassem Gegensatz zu dem bei fovealen Hinweisreizen. Diese können ohne Schwierigkeiten ignoriert werden.

Ebenfalls übereinstimmend mit einer Verarbeitung peripherer Hinweisreize durch instationäre retinale Zellen, konnten Müller und Rabbitt (1989) zeigen, dass periphere Hinweisreize sehr viel schneller verarbeitet werden als foveale Hinweisreize, und Nakayama und Mackeben (1989), dass der Effekt der peripheren Hinweisreize instationär, also kurzlebig ist. Das Beispiel der Arbeitsteilung zwischen instationären und stationären retinalen Ganglienzellen macht deutlich, wie eng Handlung (hier die Blicksteuerung) und Wahrnehmung beim Sehen miteinander verschränkt sind.

7.3　Die Colliculi superiores

Um ihre Funktion zu erfüllen, müssen die instationären Zellen aber auch mit den motorischen Zentren der Blicksteuerung verbunden sein. Eine Struktur, die Blicke steuert, sind die Colliculi superiores (kurz **SC**; von engl. „superior colliculi"). Ihre Funktion in der Aufmerksamkeits- und Blicksteuerung könnten die instationären Zellen daher durch ihre Projektionen zu den SC erfüllen.

Wie die meisten menschlichen Hirnstrukturen sind auch die SC zweiseitig symmetrisch, links und rechts der vertikalen Körperachse angeordnet. Wie die retino-kortikale Projektion (siehe unten und Abbildung 7.1) kreuzt die Projektion zum SC partiell im **Chiasma opticum** (der Sehkreuzung). Die nasalen Projektionen der zur Nase (oder zur Gesichtsmitte) hin gelegenen Hemiretinae (Retinahälften) kreuzen die Seiten. Die linke nasale Hemiretina projiziert auf den rechten SC, die rechte nasale Hemiretina auf den linken SC. Die temporalen

Projektionen der zur Schläfe (lat. „tempus", daher der Name der Projektion) hin gelegenen Hemiretinae kreuzen nicht. Die linke temporale Hemiretina projiziert auf den linken SC, die rechte temporale Hemiretina auf den rechten SC. So entsteht, ähnlich wie im primären visuellen Cortex, eine vornehmlich kontralaterale, also von der gegenüberliegenden Seite des visuellen Feldes herrührende Repräsentation in den SC, denn die Abbilder auf der Retina sind ja seitenverkehrt. D. h. visuelle Stimulation von der linken Gesichtsfeldseite wird vornehmlich rechts in den SC und Stimulation der rechten Gesichtsfeldseite vornehmlich links in den SC verarbeitet. Außerdem gibt es einen Überlappungsbereich beider Augen, der in beiden SC repräsentiert wird.

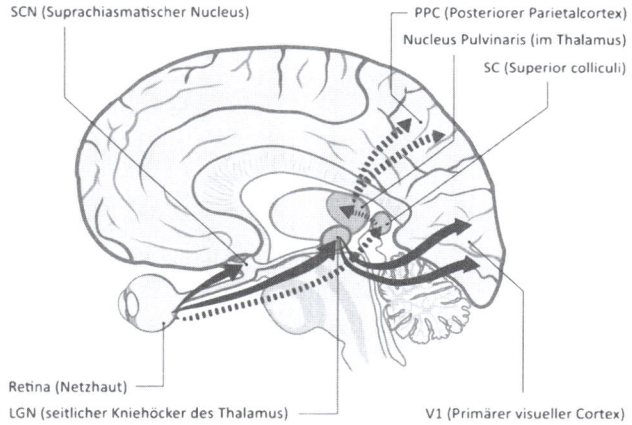

Abbildung 7.1: Schematische Darstellung der drei retino-zentralen Projektionen. Die Hauptverbindung führt über LGN zum primären visuellen Cortex (V1). Eine zweite Verbindung läuft zu den SC und via Nucleus pulvinaris des Thalamus in den posterioren Parietalcortex. Die dritte Projektion führt zum Nucleus suprachiasmaticus, der unter anderem der Synchronisation des körperlichen Schlaf-Wach-Rhythmus mit dem Tag-Nacht-Wechsel dient und hier nicht näher besprochen wird.

Wie der primäre visuelle Cortex sind auch die SC durch eine retinotope Organisation und einen laminierten (geschichteten) Aufbau gekennzeichnet. Ebenfalls wie beim visuellen Cortex ist der foveale Gesichtsfeldbereich in den SC massiv stärker repräsentiert als der periphere Gesichtsfeldbereich.

Einzelzellableitungen bei Affen belegen die oben eingeführte Hypothese, dass SC-Neurone als Schaltstelle zur Übersetzung der instationären Zellaktivität in Zielkoordinaten des Blickes fungieren (Wurtz & Albano, 1980). Neurone in den Oberflächenschichten der SC erhalten ihren Input vornehmlich aus den kontrastsensiblen aber farbenblinden instationären retinalen Ganglienzellen. (Die stationären Zellen sind nicht direkt mit den SC verbunden.) Die SC-Neurone bilden in Antwort auf diese retinalen Afferenzen visuelle retinotope Repräsentationen. Diese visuellen Repräsentationen der SC werden z. T. durch einen Blicksprung in das rezeptive Feld der Zelle noch erhöht. Solche blickortsensiblen visuellen Repräsentationen sind geeignet, Positionen für den Blick vorzumerken und das Ergebnis der erfolgreichen Sakkadenausführung auf diesen Ort zu registrieren. In den tieferen Schichten der SC finden sich die dazu notwendigen vornehmlich motorischen Zellen. Die Reizung dieser Zellen führt zu einem Blicksprung. Diese Zellen können den Blicksprung auf die vorgemerkte Position gewährleisten. Wie im Fall der visuell-sensorischen Zellen sind die motorischen SC-Neurone topographisch organisiert: Die Richtung einer Sakkade lässt sich durch die topographische Lage des **Bewegungsfeldes** einer SC-Zelle vorhersagen.

Die Beteiligung der SC an der Zuwendung von Aufmerksamkeit nach instationärer Stimulation wurde direkt in einer Untersuchung von Fecteau et al. (2004) nachgewiesen. Diese Autoren leiteten neuronale Aktivität in den mittleren Schichten der SC von Affen ab und erhoben die Sakkadenlatenzen der Affen in einer Hinweisreizaufgabe. Valide periphere Hinweisreize führten zu SC-Aktivierungen und schnelleren Sakkaden. Das war allerdings nur bei kurzen Hinweisreiz-Zielreiz-Intervallen der Fall. Im Einklang mit einer instationären Wirkung kehrte sich der Effekt bei höheren Intervallen in **IOR** (siehe Kapitel 4) um: Ab ca. 100 ms waren die Sakkaden in nicht-validen Bedingungen schneller als in validen Bedingungen.

7.4   Modelle unbewussten Sehens

Wie ist es möglich, dass wir zwar einerseits ständig unsere Augen bewegen müssen, um zu sehen, uns aber andererseits dieses Umstandes so wenig bewusst sind? Die Antwort ist, dass nicht jede Phase oder jeder Aspekt der visuellen Verarbeitung auch von bewusstem Sehempfinden begleitet werden muss. Das scheint insbesondere für die visuelle Verarbeitung zur Handlungssteuerung und in den SC zu gelten.

Wie in Kapitel 1 beschrieben, beobachteten Weiskrantz et al. (1974), dass Personen mit Skotom in V1 noch zu Diskriminationsleistungen im vom Skotom betroffenen Gebiet fähig sind. Weiskrantz und Kollegen führten dieses Blindsehen auf visuelle Projektionen von den SC via Nucleus pulvinaris (im Thalamus) zum visuellen Cortex zurück. Ein alternatives Modell der unbewussten visuellen Verarbeitung wurde von Milner und Goodale (2006) vorgeschlagen. Diese Autoren beobachteten bei einer Patientin mit Schädigung diverser Gehirnareale nach Kohlenmonoxidvergiftung eine visuelle **Objektagnosie**. Diese Patientin war z. B. nicht in der Lage, die Raumorientierung einer Karte zu sehen und zu berichten. Die Patientin konnte jedoch dieselbe Karte in richtiger Orientierung in einen Schlitz stecken, wenn sie dazu aufgefordert wurde. Die Patientin zeigte nach Milner und Goodale bewusstseinsunabhängige visuelle Verarbeitung zum Zweck der Handlungssteuerung (engl. „vision for action") bei gleichzeitigem Fehlen bewusster visueller Wahrnehmung (engl. „vision for perception").

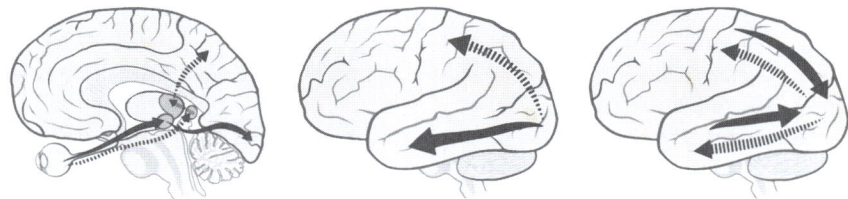

Abbildung 7.2: Drei Projektions- respektive Verarbeitungsprinzipien, in denen sich unbewusstes Sehen (dargestellt durch strichlierte Pfeile) und bewusstes Sehen (dargestellt durch schwarze Pfeile) voneinander unterscheiden könnten. Der Längs- oder Sagittalschnitt oben illustriert die Hypothese von Weiskrantz und Kollegen. Die Seiten- oder Lateralansicht in der Mitte stellt die Hypothese von Milner und Goodale dar und die untere Lateralansicht die von Lamme und Roelfsema. Für Erläuterungen siehe Text.

Ventrale und dorsale kortikale Projektion des visuellen Systems. Milner und Goodale sind der Überzeugung, dass bewusstes Sehen auf der sogenannten ventralen visuellen kortikalen Projektion von V1 über V2 und V4 zum IT beruht. Bei ihrer Patientin ist diese ventrale Projektion unterbrochen. Die entsprechende bewusstseinsunabhängige visuelle Verarbeitung zur Handlungssteuerung soll hingegen auf der dorsalen Projektion von V1 über V2 in Richtung auf den posterioren Parietalcortex (**PPC**) beruhen. Diese dorsale Projektion war bei der Patientin unbeeinträchtigt.

Die dorsale Projektion war früher in der Forschung mit visuell-räumlichen Leistungen in Verbindung gebracht worden und mit einer ventralen Projektion zur Objektwahrnehmung kontrastiert worden (Ungerleider & Mishkin, 1982).

In ihrer Neuinterpretation dieser Theorie kamen Milner und Goodale zu dem Schluss, dass viele Leistungen in den Experimenten, die Ungerleider und Mishkin als Belege der visuell-räumlichen Orientierung durch die Verarbeitung in der dorsalen Projektion klassifiziert hatten, in Wirklichkeit visuell gesteuerte Tätigkeiten waren. Die Theorie von Milner und Goodale stützt sich außer auf die Patientendaten auf Dissoziationen zwischen Wahrnehmung und Handlung, die bei normal gesunden Probanden beobachtet werden. Abbildung 7.3 illustriert ein Beispiel. Dort ist die Ebbinghaus-Illusion (benannt nach dem Psychologen Hermann Ebbinghaus (*1850; †1909) zu sehen. Bei dieser Illusion erscheint eine Scheibe (in der Abbildung die jeweils mittlere) im Kontext kleiner Scheiben (rechts in der Abbildung) größer als im Kontext großer Scheiben (links in der Abbildung), obwohl die mittleren Scheiben rechts und links exakt gleich groß sind.

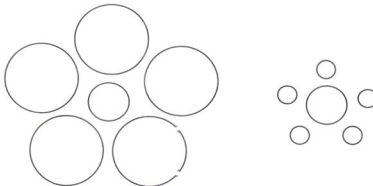

Abbildung 7.3: Die Ebbinghaus-Illusion. Näheres siehe Text.

Arrangiert man die Ebbinghaus-Illusion durch greifbare Scheiben vor den Probanden und bittet sie, die Scheibe in der Mitte des jeweiligen Kontextes zu ergreifen, dann spreizen die Probanden trotz der Illusion ihre Finger in genau der richtigen Weite. Milner und Goodale halten das für einen Beleg der Unabhängigkeit der visuellen Handlungssteuerung von der visuellen Wahrnehmung. Diese Evidenz ist aber besonders umstritten, denn trotz genauer Replikation der kontrollierten Bedingungen konnten die illusionsbasierten Wahrnehmungs-Handlungs-Dissoziationen in späteren Studien nicht repliziert werden (Franz & Gegenfurtner, 2008).

Der entscheidende Punkt ist, dass die Modelle des unbewussten Sehens erklären, dass gerade der mit der Bewegungssteuerung befasste Teil des Sehens völlig unabhängig vom bewussten Seheindruck erfolgen könnte. Daher kann das Bewusstsein für diese Bewegungen während des Sehens niedrig sein. Man könnte einwenden, dass aber doch mindestens die durch die Blickbewegungen erzeugten visuellen Bewegungen einer Niederschlag im visuellen Bewusstsein finden müssten. Bezeichnenderweise werden diese visuellen Bewegungen zu großen Teilen gar nicht gesehen, denn die visuelle Verarbeitung während der Blickbewegungen unterliegt sakkadischer Unterdrückung (Matin, 1974).

V1: Bewusstes oder unbewusstes Sehen? Haben Sie den Widerspruch zwischen den Modellen des bewussten Sehens von Weiskrantz et al. (1974) und von Milner und Goodale (2006) bemerkt? Wenn nicht, hier ist er: Weiskrantz et al. machen V1 für das bewusste Sehen verantwortlich, Milner und Goodale die Areale der ventralen Projektion jenseits von V1. Zu diesem Schluss kommen Milner und Goodale, weil die Projektion via V1 nach PPC für die visuell-motorischen Leistungen bei visueller Objektagnosie verantwortlich sein soll. Daher muss die Verarbeitung in V1 auch ohne Bewusstsein möglich sein. Ist die Verarbeitung in V1 nun bewusstseinsunabhängig oder nicht? Wie kann man dieses Paradoxon erklären? Wer hat Recht?

Eine Möglichkeit wäre, die V1-Läsionen nur als Unterbrechung („Diskonnektion") der Verbindung der Retina zu „höher" gelegenen visuellen Bewusstseinszentren in der ventralen Projektion aufzufassen. Das scheint die Auffassung von Milner und Goodale zu sein. Nach dieser Erklärung wirkt eine Schädigung in V1 nicht anders als eine Schädigung der Augen: Sie verhindert, dass in der ventralen Projektion gelegene bewusstseinskritische Areale den notwendigen visuellen Input erhalten.

Diese Erklärung hat nur ein Manko. Sie ist wenig plausibel, denn sie steht im Widerspruch zu den neuropsychologischen Symptomen, die nach Läsionen jenseits von V1 beobachtet werden. Läsionen des visuellen Cortex jenseits von V1, also in höher gelegenen visuell-kortikalen Arealen, führen nur zu *partiellen* Ausfällen des bewussten Seheindrucks. Diese visuellen Agnosien (wie die der Patientin von Milner & Goodale) sind z. B. nach Läsionen des Übergangs zwischen inferiorem Okzipital- und Temporallappen auf Farben beschränkt (erworbene zerebrale Achromatopsie), nach Läsionen des Gyrus fusiformis im Temporallappen auf Gesichter (Prosopagnosie) oder nach Läsionen am Übergang von Okzipital- und Parietallappen auf die simultane Objekterkennung (dorsale Simultanagnosie). Das Fazit dieser neuropsychologischen Funktionsstörungen muss lauten, dass unter den visuell-kortikalen Läsionen offensichtlich nur V1-Schädigungen einen vollständigen Ausfall des bewussten Sehempfindens nach sich ziehen. Wie kann man aber dann erklären, dass V1 sowohl bewusste als auch unbewusste visuelle Verarbeitung leistet?

Vorwärtsverarbeitung und Rückprojektion im kortikalen visuellen System. Ein Vorschlag zur Lösung des Widerspruchs wurde von Lamme und Roelfsema (2000) gemacht. In einer Reihe von Arbeiten konnte nachgewiesen werden, dass sich das Antwortverhalten von V1-Zellen über die Zeit ändert. Unterhalb von 100 ms nach Reizbeginn kann man in V1 schon visuelle Aktivität beobachten, die durch die retino-geniculate Projektion hervorgerufen wird. Aber ca. 100 ms nach dem Reizbeginn scheint die Aktivität von V1-Neuronen nicht länger nur durch den Input aus dem LGN, sondern zunehmend auch durch die Rückprojektionen von weiter anterior (vorne) gelegenen Cortex-arealen beeinflusst zu werden.

Auf Basis dieser Beobachtung postulierten Lamme und Roelfsema ein Zwei-Phasen-Modell der visuellen kortikalen Verarbeitung. Nach diesem Modell soll die erste Phase, die sogenannte Vorwärtsverarbeitungsphase, bis ca. 100 ms nach dem Beginn einer visuellen Stimulation bewusstseinsunabhängig sein. Während dieser Phase läuft die durch den visuellen Reiz bedingte Aktivierung durch V1 nur in eine Richtung: von der Retina über den LGN nach anterior. In der zweiten Phase, der sogenannten Rückprojektionsphase, wird zunehmend auch die visuelle reizspezifische Aktivierung von den weiter frontal gelegenen Arealen des Cortex zu V1 zurückgeleitet. Diese Phase machen Lamme und Roelfsema für das visuelle Bewusstsein des Betrachters verantwortlich.

So kann der vermeintliche Widerspruch aufgelöst werden: Unbewusste visuelle Verarbeitung in V1, wie von Milner und Goodale angenommen, beruht auf Vorwärtsverarbeitung. Bewusstes Sehen durch V1, wie von Weiskrantz et al. nach Skotomen konstatiert, beruht hingegen auf der V1-Verarbeitung während der Rückprojektionsphase.

Diese Hypothese von Lamme und Roelfsema ist zunächst im Einklang mit den **rekurrenten** (rückwärtsgerichteten) Verbindungen zwischen verschiedenen visuellen kortikalen Arealen sowie mit den rekurrenten Verbindungen zwischen visuellen und nicht-visuellen Hirnarealen. So projiziert V1 nach V2, V4 und weiter nach IT, die alle weiter anterior gelegen sind, und erhält Rückprojektionen aus diesen Arealen.

Die Zwei-Phasen-Theorie wird nicht nur mit Patientendaten belegt. Wir hatten im Kapitel Methoden erörtert, dass restlos überzeugende Schlussfolgerungen auf Basis gestörter ZNS-Aktivität schwierig sind. Überzeugenderweise belegen aber auch Daten zur visuellen **Maskierung** die Hypothese von Lamme und Roelfsema (2000). Mit visueller Maskierung bezeichnet man eine experimentelle Prozedur, die zur Minderung oder Beseitigung des bewussten Eindrucks eines visuellen Reizes, eines sogenannten Testreizes, durch einen zweiten visuellen Reiz, die sogenannte Maske, führt (Breitmeyer & Ogmen, 2006). Im Einklang mit der Annahme, dass visuelles Bewusstsein durch V1-Aktivität bedingt wird, konnten Macknick und Livingstone (1998) bei einer Mehrkanalableitung an V1-Neuronen von Affen belegen, dass Maskierung nicht nur die Sichtbarkeit minderte, sondern in V1 auch tatsächlich zu einer Reduktion der Zellantworten auf maskierte Testreize führte.

📖 Vertiefungsempfehlung

Kapitel 2 ‚Visual Processing in the Primate Visual Cortex', in: Milner, A. D., & Goodale, M. A. (2006). *The Visual Brain in Action (Second Edition)*. Oxford, UK: Oxford University Press.

8 Visuelle Wahrnehmung: Objekte, Gesichter und Szenen

Der visuelle Sinn gilt als besonders mächtig. Visuelle Wahrnehmung liefert relevante Information über einen großen räumlichen Bereich unserer Umwelt. Das wird jedem bewusst, der eine Brille trägt. Brillen sind häufig entweder nur für den Nahbereich oder nur für den Fernbereich des Sehens korrigiert. Setzt man die falsche Brille auf, sieht man nur wenig und bewegt sich vorsichtig. Im Fernbereich ist der visuellen Wahrnehmung kaum eine Grenze gesetzt. So können wir Himmelskörper sehen, die Lichtjahre entfernt sind. Die Größenvariation der Umgebungsmerkmale, die der visuelle Sinn repräsentiert, ist ebenfalls groß. Die Bandbreite umfasst große Gegenstände und kleinteilige Merkmale, etwa gedruckte Wörter. Die hohe Auflösung zeigt sich auch bei der Unterscheidung größerer Gegenstände, die weit vom Betrachter entfernt sind, z. B. Rinder auf einem gegenüberliegenden Berghang. Am Beispiel der Betrachtung des Mondes zeigt sich, dass über große Distanzen auch riesige Objekte wahrgenommen werden können.

Zur Bildung visueller Repräsentationen analysiert das Auge das auf die Netzhaut fallende Licht. Auf diese Weise fungiert das Auge als Schnittstelle zwischen Umwelt und Wahrnehmungsgegenstand. Wie schon in der Theorie von Gibson ausgeführt, wird das umgebende Licht vom Standpunkt des Betrachters in einem systematischen Zusammenhang verfügbar. So wird die spektrale Zusammensetzung des Lichts, die das Auge analysiert, einerseits durch die Merkmale der Oberflächen von Objekten bestimmt, andererseits durch die Zusammensetzung des zwischen Oberfläche und Auge befindlichen Raums – und damit von Merkmalen, die unabhängig vom gesehenen Objekt variieren.

8.1 Objekterkennung

Theorien der Objekterkennung erklären, wie Gegenstände erkannt werden. Erkennen bedeutet, dass Umweltinformation in Repräsentationen transformiert

und mit Gedächtnisinhalten verglichen wird. Diese Fertigkeit ist vorausset-
zungsreich: Die Mechanismen, die zur Erkennung angenommen werden, müssen vielen Ansprüchen genügen. So kann zum Beispiel derselbe Gegenstand
durch eine Vielzahl unterschiedlicher visueller Muster abgebildet werden. Die
folgende Abbildung illustriert das Problem. Jede Theorie der Objekterkennung
muss dem Rechnung tragen.

*Abbildung 8.1: Beispiel einer visuellen Szene mit verschiedenen Objekten (links) und
Illustration der Vielseitigkeit der visuellen Erscheinung eines Gegenstandes. Erläuterungen im Text.*

Um zu erklären, wie Objekte erkannt werden, verfolgen Wahrnehmungspsy-
chologen unterschiedliche Strategien. Theorien der Objekterkennung sind
häufig auf bestimmte Objektklassen beschränkt, etwa Gesichter oder einzelne
Kategorien von Gegenständen, in der Leseforschung z. B. auf Buchstaben und
Wörter. Um die Schwierigkeiten bei der Bildung einer Wahrnehmungstheorie
zu ermessen, müssen wir uns vergegenwärtigen, was wir erklären möchten.
Damit bezeichnen wir das Problem der Definition des Wahrnehmungsresultates. Was ist das Resultat der Wahrnehmung? Eine verbale Bezeichnung des
Wahrnehmungsgegenstandes? Vermutlich nicht. Einige Wahrnehmungsgegenstände können wir benennen, andere nicht. Sicher können die meisten Leser
des vorliegenden Buches das Zeichen „라" wahrnehmen, vermutlich aber nicht
benennen. Was ist dann das Resultat der Wahrnehmung? Eine vollständige

Vergegenwärtigung des Objektes? Auch das ist nicht richtig. Wir müssen Gegenstände nicht vollständig erfassen, um sie wahrzunehmen und zu erkennen. Denken Sie an den Raum, in dem Sie sich befinden. Der Raum selbst umgibt Sie, doch nur ein Teil davon wird wahrgenommen. Vergegenwärtigen Sie sich außerdem, wie unterschiedlich stark die Sie umgebenden Objekte repräsentiert werden. Häufig werden gerade relativ große Flächen nicht deutlich wahrgenommen. Die Wände eines Zimmers oder der Himmel kommen dem Wahrnehmenden zunächst nicht in den Sinn, wenn er sich die Frage stellt, was er wahrnimmt. Einzelne Objekte, wie Stühle, Computer, Bäume oder Personen scheinen viel naheliegendere Wahrnehmungsgegenstände zu sein. Die Frage, wie diese Objekte erkannt werden, hat deshalb plausiblerweise einen hohen Stellenwert in der Wahrnehmungspsychologie.

Merkmalsbasierte Ansätze. In der Psychologie gibt es eine starke Tradition im Sinne einer Objektpsychophysik, welche die Objektwahrnehmung durch die Ermittlung von relevanten Merkmalen, deren Repräsentation und ihre anschließende Zusammensetzung zu größeren Einheiten – nämlich den Objekten – erklärt.

Ein Beispiel ist das Pandämonium-Modell von Selfridge (1959). Das Modell erklärt die visuelle Wahrnehmung und Identifikation von Buchstaben durch drei sukzessive Verarbeitungsschritte. Im ersten Schritt werden einfache Merkmale visuell registriert. Der Buchstabe aktiviert parallel Detektoren für die unterschiedlich orientierten Kanten, aus denen er besteht. Der Buchstabe T aktiviert zum Beispiel einen Detektor für horizontal orientierte Kanten und einen für vertikale Kanten. In Kapitel 6 haben wir erörtert, dass dieser Verarbeitungsschritt mit den Leistungen von einfachen kortikalen Zellen in V1 übereinstimmt. Im zweiten Schritt werden die Buchstabendetektoren aktiviert, die eine entsprechende Linie aufweisen. Der Detektor für horizontale Linien wird beispielsweise Detektoren für die Buchstaben A, E, F, H, L, T und Z aktivieren, der für vertikale Linien die Detektoren für B, D, E, F, H, T, K, R und T. Dazu kommt noch eine Aktivierung einer Streckenteilung. Im dritten Schritt wird die Aktivität des Buchstaben mit der höchsten Gesamtaktivität ausgewählt. Das ist das T, denn alle Merkmale des T werden aktiviert, wohingegen in anderen Buchstaben nur einige aller kritischen Merkmale aktiviert werden.

Im Allgemeinen sprechen zumindest zwei Argumente für eine Erklärung der Objektwahrnehmung durch Merkmalsdetektion. Durch die Übereinstimmung von Merkmalen werden die Ähnlichkeiten unterschiedlicher Wahrnehmungsgegenstände erklärt und durch die Unterschiede in der Kombination dieser Merkmale werden die Unterschiede zwischen Wahrnehmungsgegenständen erklärt. Gesichter etwa bestehen aus Augen, Nase und Mund, werden daher als der Kategorie der Gesichter zugehörig wahrgenommen. Überdies liegen diese Merkmale jedoch in einer flexiblen räumlichen Anordnung vor. So können die räumlichen Unterschiede zur Unterscheidung individueller Gesichter und unterschiedlicher Gesichtsausdrücke verwendet werden. Das Problem der geteilten Merkmale kann aber schwieriger zu formalisieren sein als im Falle von Buchstaben oder Gesichtern. Was zum Beispiel sind die konstituierenden Merkmale einer Landschaft?

Theorien der Objektwahrnehmung durch Kategorisierung unterscheiden drei Ebenen von Objektkategorien: Basiskategorien sowie über- und untergeordnete Objektklassen. „Lebewesen" wäre z. B. eine übergeordnete Kategorie von „Vogel", „Sperling" eine untergeordnete. Die übergeordnete Klasse umfasst also immer die untergeordnete. Besonders interessant für die Objekterkennung sind die **Basiskategorien**. Das Konzept „Vogel" bezeichnet ein Beispiel für ein solches Objekt der Basiskategorie. Es handelt sich bei diesen Gegenständen um die bei der Identifikation bevorzugte Kategorie: Objekte der Basiskategorie werden am schnellsten erkannt, bzw. werden viele Objekte auf dieser Klassifikationsebene erkannt. Die Dominanz der Basiskategorie wird wahrnehmungspsychologisch erklärt. Objekte der Basiskategorie weisen ein sehr gutes Verhältnis zwischen unterscheidenden Merkmalen zu alternativen Kategorien und übereinstimmenden Merkmalen mit alternativen Exemplaren derselben Kategorie auf. Rosch et al. (1976) zeigten z. B., dass Objekte der Basiskategorie visuelle Merkmale teilen.

Abbildung 8.2: Variationen und Gemeinsamkeiten der visuellen Erscheinung innerhalb der Basisobjektklasse „Stuhl". Erläuterungen im Text.

Man sieht das am Beispiel der Stühle in Abbildung 8.2: Alle Stühle haben eine Sitzfläche, Stuhlbeine und eine Lehne. Sie haben vielleicht zusätzliche Elemente, wie Sprossen und Verbindungen zwischen den Stuhlbeinen, sie werden jedoch durch diese unterscheidenden Merkmale nicht zu einem anderen Objekt (z. B. sie werden nicht zu Tischen).

Geon-Theorie. Biederman (1987) vermutete, dass geschätzte 3.000 Basiskategorien mit je durchschnittlich 10 unterschiedlichen Exemplaren, also eine Anzahl von etwa 30.000 Objekten erkannt werden muss. Eine entsprechende Theorie müsste erklären, wie ein möglichst fehlerfreier Vergleich eines Netzhautabbildes eines Objekts mit der entsprechenden Gedächtnisrepräsentation erfolgt. Zur Lösung des Problems schlug Biederman vor, geometrische Elemente, sogenannte **Geons**, als einfachste Merkmale der Klassifikation von Objekten zu verwenden. Jedes einzelne Objekt besteht aus ganz bestimmten Geons, die in einer spezifischen Konfiguration miteinander verknüpft sind.

Der Ansatz ist im Einklang mit der Theorie von Marr (1982), die wir in Kapitel 2 schon angesprochen hatten. Marr hatte beschrieben, wie das Netzhautbild analysiert werden kann, um informationsreiche, für die Objekterkennung wichtige Stellen zu identifizieren. Entsprechend dem Stufenmodel von Marr werden dabei zunächst Ecken und Kanten entdeckt. Dies geschieht durch das Auffinden von Stellen, an denen Kontrastunterschiede besonders ausgeprägt sind.

Biedermans Verdienst war es, die Merkmale zu identifizieren, die er nicht-zufällige Merkmale nennt. Darunter versteht man Merkmale der zwei-dimensionalen Netzhautabbildung, die einen sicheren Rückschluss auf Merkmale der dreidimensionalen Umweltgegenstände erlauben. Beispiele sind die **Kollinearität**, die besagt, dass einer geraden Linie auf der Netzhautrepräsentation mit größerer Wahrscheinlichkeit eine gerade Merkmalskante in der Umwelt entspricht, oder die **Kurvilinearität**, die bezeichnet, dass eine gekrümmte Kante wahrscheinlich eine gekrümmte Gegenstandskontur repräsentiert. Ähnliche nicht-zufällige Merkmale sind Kantenparallelität, Punkt- oder Achssymmetrie von Liniengebilden und Konvergenz von Linien (das sind Linien, die in einem Punkt zusammentreffen). Anhand dieser Merkmale wird das Bild in Regionen erschlossener Wölbung gegliedert, das heißt es werden räumlich informative Oberflächen im zwei-dimensionalen Abbild entdeckt.

Beide Stufen zusammen, d. h. die Analyse der Ecken und Kanten sowie der nicht-zufälligen Merkmale, liefern gemeinsam die Struktur, in der die konstituierenden Geons miteinander verknüpft werden. Laut Biederman (1987) gibt es 36 verschiedene Geons. Das ist ein erstaunlich kleines „Alphabet" einfacherer Zeichen, um die geschätzten 30.000 Objekte erkennen zu können. Durch Transformationen wie Dehnung, Verkürzung, Biegung und Expansion, sowie durch unterschiedliche Kollinearität und Kurvilinearität entsteht aus jedem Geon eine Vielzahl von Formvariationen, und durch unterschiedliche Kombination der Geons eine Vielzahl von Objektrepräsentationen. Diese Objektrepräsentationen werden mit im Gedächtnis gespeicherten Repräsentationen derselben Grundelemente und ihrer Konfigurationen auf Übereinstimmung und Unterschiede verglichen. Wird eine Entsprechung mit einer gespeicherten Struktur konstatiert, gilt ein gesehenes Objekt als erkannt.

Die folgende Abbildung gibt ein Beispiel. Abbildung 8.3 zeigt, dass durch nur zwei Geons unterschiedliche Tassen repräsentiert werden können – und durch ein weiteres Geon auch ein neues Objekt (eine Kanne).

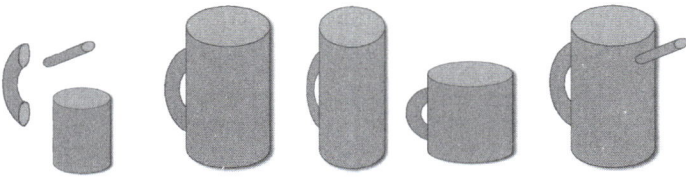

Abbildung 8.3: Geonvariationen bei schematischen Tassen – und einer Kanne. Links Variation eines „Zylinder"-Geons.

Diese Theorie, wonach die Objekterkennung auf einer festen Menge von Grundformen beruht, hat einige Vorteile. Die zur Ecken- und Kantenerkennung postulierten frühen Verarbeitungsstufen stimmen mit Ergebnissen der physiologischen Forschung zur retinalen und kortikalen visuellen Verarbeitung überein (siehe Kapitel 6). Dieses gilt sowohl für die physiologischen Strukturen des visuellen Systems von Primaten, wie die Ganglienzellen der Netzhaut, als auch für computationale Modelle zur automatisierten Bilderkennung durch Algorithmen; beide stimmen sehr gut mit den Annahmen der frühen Entdeckung von Ecken und Kanten während der visuellen Verarbeitung überein. Schließlich wurden Vorhersagen der Theorie von Biederman psychologisch-experimentell erhärtet. Im Einklang mit einer zentralen Funktion von Kanten und Ecken für die Objektwahrnehmung konnte z. B. gezeigt werden, dass Basisobjekte anhand von Linienkonturzeichnungen der Objekte genauso schnell erkannt und benannt werden können wie anhand von Schwarz-Weiß-Photographien derselben Objekte (Biederman & Ju, 1988). Dieses Ergebnis spricht dafür, dass die Objekte vornehmlich anhand von Ecken und Kanten erkannt werden und die Oberflächentextur wenig zur Erkennung beiträgt. Im Einklang mit der Beobachtung, dass auch unvollständig abgebildete Objekte wahrgenommen werden, können Objekte sogar anhand von Linienkonturzeichnungen erkannt werden, die jeweils nur die Hälfte aller Konturen enthalten und in denen die andere Hälfte der Konturen getilgt wurde (vgl. Biederman, 1987, und Abbildung 8.4).

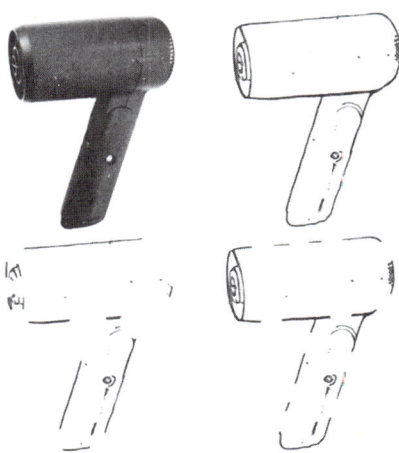

Abbildung 8.4: Variationen von Objektdarstellungen zur Überprüfung zentraler An-nahmen der Geon-Theorie: Objektdarstellungen durch Linien (oben rechts) und als Schwarz-Weiß-Photographie (oben links, mit identischer Geon-Struktur. Unten Bei-spiele für zwei Versionen von Liniendarstellungen eines Objektes, in denen Ecken und Kanten so gelöscht wurden, dass die Geonstruktur deutlich besser (rechts) oder schlechter (links) erhalten ist.

Es gibt außerdem empirische Belege für die zentrale Rolle der oben beschrie-benen nicht-zufälligen Merkmale bei der Objekterkennung. So sind die Fehler-raten bei Entscheidungen über unbekannte Objekte dramatisch größer, wenn die Objekte anhand der Geon-Größe verglichen werden müssen als wenn sie anhand eines nicht-zufälligen Merkmales verglichen werden können (Bieder-man & Bar, 1999). Dieses Resultat unterstützt die Annahme, dass nicht-zufällige Merkmale bei der Objekterkennung eine zentrale Rolle spielen.

Objektzentrierte vs. betrachterzentrierte Wahrnehmung. Obwohl die Idee von konstituierenden Basiskomponenten der Objekterkennung weite Anerken-nung erfahren hat, hat diese Theorie auch Schwächen. Sie gewinnt ihre Eleganz aus der sehr sparsamen Annahme eines einzigen Prinzips der kantenbasierten Erkennung. In einer Versuchsanordnung haben Price und Humphreys (1989) allerdings gezeigt, dass die rein auf Ecken- und Kanten basierende Objekt-erkennung die Rolle anderer visueller Merkmale zu Unrecht vernachlässigt. Sie zeigten, dass Oberflächenmerkmale, hier Farbe, sehr wohl noch einmal zu einer schnelleren Erkennung führt, auch dann wenn der Kontrast, wie bei einer gelb gezeichneten Liniendarstellung einer Banane, geringer ist, solange die Farbe typisch für das Objekt ist. Diese Effekte waren besonders deutlich, wenn innerhalb einer Objektklasse, wie Gemüse oder Werkzeuge, zwischen Objekten unterschieden werden musste. Die Nützlichkeit von Farbe und Textur (die ja in Photographien enthalten sind) zeigt sich besonders dann, wenn Objekte nicht isoliert dargeboten werden, sondern in komplexeren Szenen eingebettet sind.

Im Mittelpunkt der Diskussion um den ansichtsunabhängigen Ansatz von Biederman steht aber ein grundlegendes Problem der Wahrnehmung: die *Formkonstanz*. Diese bezeichnet den Sachverhalt, dass es dem Betrachter gelingt, ein Objekt über verschiedene Ansichten hinweg als identisches Objekt wiederzuerkennen (einen Fall illustriert das Bild rechts unten in Abbildung 8.1, in dem eine Ansichtsänderung von Tasse, Banane und Teller gezeigt wird). Biederman nimmt an, dass Formkonstanz gegeben ist, wenn verschiedene Ansichten die Geonstruktur bewahren. Ist das der Fall, machen unterschiedliche Ansichten nur einen geringen Unterschied für die Objekterkennung. Folglich kommt es nur zu geringen Kosten: Die Wiedererkennung bei einem Wechsel der Objektansicht wird nur unwesentlich länger oder ist nur geringfügig schwieriger als die Wiedererkennung von Objekten aus derselben Ansicht.

Ein konkurrierender Ansatz stellt die ansichtsabhängige Objekterkennung in den Vordergrund der Wahrnehmungstheorie (Tarr & Bülthoff, 1995). Statt auf abstrahierten geometrischen Grundformen, den Geons, könnten Wahrnehmung und Wiederkennen auf im Gedächtnis gespeicherten Ansichten beruhen. Nach dieser Auffassung sollte jede Änderung der Orientierung eine Verschlechterung der Wahrnehmung nach sich ziehen. Prüfstein dieser konkurrierenden Wahrnehmungstheorien sind also die Wahrnehmungsleistungen für in ihrer Ansicht im Raum variierende Objekte. Tarr und Bülthoff haben diese Frage systematisch untersucht. Sie kommen zu unterschiedlichen Ergebnissen, die sich aber anhand der Aufgabenart und -schwierigkeit integrieren lassen. Wenn die Unterschiede zwischen den Objekten groß sind, z. B. bei der Unterscheidung verschiedener Basis-Objekte, wie Stuhl versus Flugzeug, finden sich nur geringe Effekte der Ansicht auf die Leistung. Sind die Objektunterschiede hingegen gering, wie bei der Unterscheidung zwischen zwei ähnlichen Stühlen, dann finden sich sehr wohl Vorteile für die schon gesehenen und damit wohl auch gemerkten Ansichten. Entsprechend sollte ein Abgleich der Tasse in den beiden Darstellungen in Abbildung 8.1 vergleichsweise schwierig sein. Die Wiedererkennung von Objekten über verschiedene Ansichten hinweg ist ganz allgemein eine Herausforderung für Modelle der Bilderkennung und ergo für die Wahrnehmung. Lowe (1999) verwendet in seinem computationalen **SIFT-Modell** eine Signatur aus visuellen Raumfrequenzbandanteilen einzelner Bildregionen, deren Struktur über die unterschiedlichen Ansichten desselben Objektes auf Übereinstimmung verglichen werden kann, um dieses Problem zu lösen.

Eine weitere wichtige Herausforderung für die Allgemeingültigkeit von Biedermans Wahrnehmungstheorie stellen Objekte dar, die nur schlecht anhand von Geons charakterisiert werden können (siehe Abbildung 8.5). Im Vergleich der Abbildungen 8.1 und 8.5 wird auch das deutlich. Der Computer, die Banane und die Tasse sind leicht als solche zu erkennen, aber könnten Sie (und bitte blättern Sie nicht zurück zu Abbildung 8.1) die Personen anhand der Liniendarstellung sicher wiedererkennen?

Abbildung 8.5: Umwandlung der Szene aus 8.1 in eine Liniendarstellung.

Besonders deutlich wird dieses Problem, wenn man versucht, anhand von Abbildung 8.5 Wahrnehmungsleistungen zu vollbringen, die mit Hilfe einer Photographie mühelos gelingen. Versuchen Sie einmal ohne zurückzublättern, den Gesichtsausdruck oder das Alter der dargestellten Person zu erkennen?

Hier sind gleich zwei Probleme zu beobachten. Einerseits ist es nicht einfach, in der linienbasierten Darstellung einzelne Objekte zu isolieren, das Bild also zu gliedern oder zu segmentieren. Andererseits sind einige Objekte schwieriger durch Geons darstellbar als andere. Dazu zählen neben Gesichtern viele natürliche, nicht vom Menschen geschaffene Objekte, wie Bäume, Wolken oder das Gelände.

Tatsächlich sind gerade diejenigen Objektklassen, die in der Natur besonders häufig vorkommen, für die Erkennung anhand von Geons eher schlecht geeignet. Die Objekte, die hingegen vom Menschen geschaffen wurden, sind in der Regel gut anhand von Geons wahrnehmbar. Anzunehmen, dass unsere Objekterkennung lediglich für die von uns selbst geschaffenen Objekte optimal funktioniert, ist allerdings aus evolutionspsychologischer Sicht nicht plausibel. Gerade natürliche Objekte, die sich schlecht anhand von Geons klassifizieren und bestimmen lassen, sollten die Umgebung charakterisieren, an die das visuelle System evolutionär optimal angepasst ist. Menschliche Artefakte sollten nach dieser Logik nur eine geringe Rolle bei der phylogenetischen Entwicklung der Wahrnehmung gespielt haben. Da es daher phylogenetisch eine andere Ursache für die Merkmale der Wahrnehmung geben sollte, stellt sich die Frage, welche Rolle die Geon-Theorie bei der Wahrnehmung natürlicher Szenen und bei Gesichtern spielt.

8.2 Gesichtserkennung

Die Gesichtserkennung verlangt einen modifizierten Zugang zum Problem der Objekterkennung. Gesichter sind klar definierte Objekte. Ihre Erkennung gelingt oft mühelos. Sie spielen aus verschiedenen Gründen eine wichtige Rolle. So sind Gesichter eine Objektklasse, bei der die Unterscheidung auf der untergeordneten Kategorieebene einzelner Exemplare meistens wichtiger ist, als auf dem Niveau der Basiskategorie. Mit Hilfe der Gesichtserkennung identifizieren wir Individuen, nicht dass das Objekt ein Gesicht ist. Gesichter sind besonders relevant, weil sie weitaus mehr und vielseitigere Information als andere Objekte vermitteln. Aus dem Gesicht lesen wir nicht nur, wer jemand ist, sondern auch wie schön wir ihn finden, ob die Person uns Aufmerksamkeit schenkt, wie alt sie ist, welches Geschlecht sie hat und wie sie sich fühlt, bzw. welche Emotion sie zeigt. Gesichter liefern also soziale Information. Als Mängelwesen sind Menschen auf die Hilfe sozialer Partner angewiesen. Entsprechend früh in der Individualentwicklung (der sogenannten Ontogenese) werden deshalb auch Gesichtsmerkmale vom Säugling unterschieden.

Da Gesichter so wichtig sind, aber nicht effizient anhand von Geons unterschieden werden, hat sich ein ganzer Zweig der Wahrnehmungspsychologie nur mit der Frage beschäftigt, mithilfe welcher Mechanismen und anhand welcher Merkmale Gesichter erkannt und voneinander unterschieden werden können. Nehmen wir noch einmal das Beispiel aus Abbildung 8.1. Abgesehen von der Person, erkennen wir, wie sich diese Person fühlt, wir können Alter, Geschlecht, Attraktivität erkennen, und bei echten Personen auch weitere kommunikative Merkmale, die den sozialen Austausch unterstützen.

Merkmalsvergleiche. Auch für die Erklärung der Gesichtserkennung suchen Forscher nach einfachen Merkmalen, die ein Wiedererkennen erlauben könnten. Entsprechend der Vorgehensweise bei der Objekterkennung wurden Merkmale wie Augen, Nase und Mund als die konstituierenden Komponenten – ähnlich den Geons – systematisch untersucht. In Kapitel 6 und 7 hatten wir erörtert, dass die visuelle Objekterkennung mit der Extraktion einfacher Merkmale im kortikalen Areal V1 beginnt und dass die Projektionen von dort nach IT mit der Repräsentation zunehmend komplexerer visueller Merkmalskombinationen befasst sind. Im Einklang mit dieser Annahme finden sich gesichtssensible Neurone, die präferiert auf die für Gesichter typische Merkmalskombination von Augen, Nase und Mund reagieren, in IT im Gyrus fusiformis (Desimone et al., 1984). Es zeigte sich aber, dass einfache Merkmale bzw. ihre Kombination zwar einen wichtigen Beitrag zur Gesichtererkennung liefern, dass sie aber nicht vollständig erklären können, was die Gesichtserkennung so effizient macht. Anders als man vermuten könnte, ist es sogar schwierig, Gesichter anhand einzelner, isolierter Merkmale wieder zu erkennen (Farah et al., 1995). Nicht einmal die als besonders wichtig erachtete Augenpartie reicht für die Personenerkennung aus.

Gesichts-Inversions-Effekt. Erklärungen der Gesichtserkennung durch Merkmalsvergleiche anhand einzelner Merkmale scheitern auch an einem besonders sensiblen Gradmesser der Gesichtserkennung, dem sogenannten Inversionseffekt: Gesichter werden schlechter wiedererkannt, wenn sie auf dem Kopf stehen, also „invertiert" gesehen werden (Yin, 1969). Dieser Inversionseffekt ist sehr robust. Nase, Augen und Mund alleine können hingegen invertiert ähnlich gut erkannt werden wie aufrecht stehend. Sie zeigen also keinen Inversionseffekt. Eine Erklärung der Gesichtserkennung sollte auch den Inversionseffekt erklären können. So gibt es eine Klasse von Merkmalen, die für Inversion besonders anfällig ist: Die räumliche Anordnung der Merkmale zueinander, wie der Augenabstand oder der Mund-Nase-Abstand.

Diese räumlichen Merkmale bezeichnet man als konfigurale Gesichtsmerkmale höherer Ordnung (Diamond & Carey, 1986). Im Gegensatz zu den konfiguralen Merkmalen erster Ordnung, der Anordnung der Augen horizontal, rechts und links der Nase, der Nase über dem Mund, des Mundes über dem Kinn, die alle Gesichter kennzeichnen, variieren Gesichter erheblich in den konfiguralen Merkmalen höherer Ordnung. Der Inversionseffekt ist also besonders für das Wiedererkennen der individuellen Ausprägungen von Mund-Nase-Abstand, oder Auge-Auge-Abstand zu beobachten. Das sind genau die Konfigurationsmerkmale, die Gesichtserkennung zur Personenerkennung machen. Im Einklang mit dieser Annahme ist die individuelle Gesichtserkennung anhand von Unterschieden in der Konfiguration höherer Ordnung vom Inversionseffekt betroffen, wohingegen die Inversionsdefizite mit abnehmender Stärke von Konfigurationsunterschieden höherer Ordnung sinken (Leder & Bruce, 2000). In Abbildung 8.6 kann man das sehen: Der Augenabstand unterscheidet die aufrechten Gesichter in der oberen Zeile stärker als die invertierten Gesichter in der unteren Zeile.

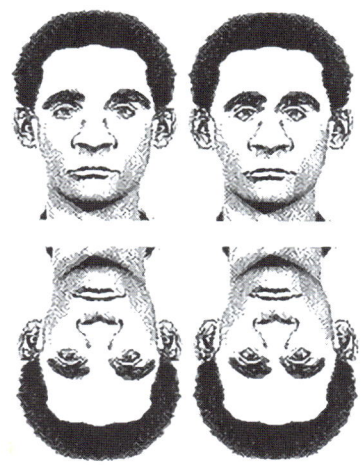

Abbildung 8.6: Gesichtsinversionseffekt der Gesichtskonfiguration höherer Ordnung.

Holistische Verarbeitung. Eine weitere Besonderheit der Gesichtserkennung haben Tanaka und Farah (1993) untersucht. Sie vermuteten, dass Gesichter holistisch verarbeitet und repräsentiert werden. Von holistischer Verarbeitung spricht man in der Wahrnehmung, wenn die einzelnen Komponenten, aus denen das Objekt besteht, nicht unabhängig voneinander repräsentiert und mit Gedächtnisrepräsentationen verglichen werden. Für diese Annahme spricht, dass es einfacher ist, Komponenten (etwa die Nase) eines bekannten Gesichtes im Kontext dieses Gesichtes wieder zu erkennen, als bei isolierter Darbietung ohne den Kontext der anderen korrelierten Gesichtsmerkmale. Es ist nicht auszuschließen, dass dieser Kontexteffekt zum Teil auf den Konfigurationen höherer Ordnungen beruht. McKone und Yovel (2009) schließen aus ihrer Meta-Analyse, dass verschiedene Aspekte der Gesichtserkennung orientierungs-sensibel sind und dass Inversionseffekte überhaupt nur dann nicht auftreten, wenn das Gesicht eine Wiedererkennung anhand sehr eindeutiger Merkmale, wie auffälliger Farbe, erlaubt.

Soziale Relevanz in der visuellen Wahrnehmung. Da Gesichter als Trä-ger sozialer Information besonders relevant sind, wurde vermutet, dass die Gesichtserkennung automatisch stattfinden könnte. Das bedeutet hier, dass bestimmte Informationen aus Gesichtern verarbeitet werden, schon bevor die Aufmerksamkeit nachweislich auf das Gesicht gerichtet wurde. Das soll zumindest für die Erkennung des emotionalen Gesichtsausdrucks (Vuilleu-mier et al., 2003) oder des Geschlechts eines Gesichts zutreffen (Finkbeiner & Palermo, 2009). Gesichter könnten daher die Zuwendung der Aufmerksamkeit auf sozial relevante Reize selbst dann sicherstellen, wenn sie nicht explizit gesucht werden (vgl. Eastwood et al, 2001).

Neben der automatischen Gesichtsverarbeitung wurden weitere visuelle Verarbeitungsmodule ermittelt, die der automatischen Erkennung sozial rele-vanter Reize gewidmet sind, etwa das System der Spiegelneurone. Spiegelneu-rone liegen im Frontalcortex. Ein einzelnes Spiegelneuron reagiert auf eine ganz spezifische visuell wahrgenommene Handlung, etwa eine gesehene Greifbewegung der Hand. Diese Aktivierung zeigt ein Spiegelneuron sowohl für vom Betrachter selbst ausgeführte und dabei gesehene Handlungen als auch für dieselben gesehenen Handlungen, wenn sie von einem Artgenossen ausge-führt werden. Spiegelneurone reagieren selbst dann noch, wenn die gesehene Handlung von einer anderen Spezies (z. B. vom Menschen) mit hinreichender Ähnlichkeit zur eigenen Art (z. B. des Affen) ausgeführt wird. Diese Form der modularen visuellen Verarbeitung wird ebenfalls als Ausdruck der Sensibilität für relevante soziale Reize erachtet. Spiegelneurone erfüllen ihre Funktion vermutlich bei der Handlungsimitation (oder allgemeiner dem Beobachtungs-lernen) und der Empathie oder Einfühlung in Artgenossen. Einfühlung in den Gefühlszustand eines Artgenossen wird z. B. durch die Imitation des am Artgenossen gesehenen gefühlscharakteristischen Gesichtsausdruckes unter-stützt (Sonnby-Borgstrom, 2002).

8.3　Szenenwahrnehmung

Die Rolle des Kontextes, d. h. des Zusammenspiels zwischen den verschiedenen Merkmalen und Objekten bei der visuellen Wahrnehmung, die wir am Beispiel der Gesichter erörtert haben, ist ein Thema, das über die Gesichterwahrnehmung hinaus von allgemeiner Bedeutung für die (visuelle) Wahrnehmung ist.

Einige Erklärungen der Objekterkennung geben z. B. die Annahme auf, dass die Merkmale, die bei der Wahrnehmung von Objekten verwendet werden, dem Betrachter bewusst zugänglich oder offensichtlich sein müssten. Diese Theorien verwenden in der Regel eine große Zahl potentieller Merkmale und Merkmalskombinationen. Mit Hilfe von „Data-Mining-Prozeduren" werden aus ähnlich vs. unähnlich klassifizierten Bildern natürlicher Szenen die trennschärfsten visuellen Merkmale oder Merkmalskombinationen ermittelt, die zuverlässig zwischen Bildern, die unterschiedlichen Klassen angehören, trennen (Oliva & Torralba, 2001). Typische räumliche Kontrast- und Farbverteilungen kennzeichnen demnach z. B. unterschiedliche Szenen zuverlässig und machen diese für den Betrachter unterscheidbar. Diese Theorien spielen in neueren Ansätzen der Szenenwahrnehmung eine große Rolle. Hier besteht ein enger Zusammenhang zur Objekterkennung: Frühe Studien zur Szenenwahrnehmung zeigten wie die Wahrnehmung von Gegenständen von der Einbettung der Gegenstände in einen vertrauten Kontext profitiert (Biederman, 1972): Die Frage, ob ein bestimmter Gegenstand in einem Bild enthalten war, konnten Versuchspersonen viel leichter beantworten, wenn die Szene intakt abgebildet war als wenn sie falsch montiert wurde. Das mag zunächst nicht erstaunlich erscheinen, weist aber darauf hin, dass die visuelle Szene, ein Raum, ein Straßenzug oder dergleichen, systematisch die Erkennung darin befindlicher Objekte beeinflussen kann. Wenn also Objekte schnell und mit wenig Aufwand erkannt werden, gibt es offensichtlich konfigurale oder kontextuelle Einflüsse des Gesamtbildes, die der Objekterkennung vorausgehen und sie daher beeinflussen.

Schon bei sehr kurzer Bilddarbietungszeit von 100 Millisekunden können Betrachter Szenen, wie Landschaften, Meer, Berge, Räume oder Stadtszenen, überzufällig richtig voneinander unterscheiden (Potter, 1976). Dieser erste globale „Eindruck" wird auch als Quintessenz (engl. **„gist"**) eines Bildes bezeichnet. Dieser Eindruck beruht auf einigen Heuristiken, die die Szenenwahrnehmung unterstützen. So ist es unter freiem Himmel häufig der Fall, dass es oben heller als unten ist, da die natürliche Lichtquelle, das Sonnenlicht, in den meisten Szenen relativ zur Blickrichtung oben steht (Gibson, 1966). Diesen Umstand kann der Betrachter nutzen, um Szenen schnell als unter freiem Himmel photografiert zu klassifizieren. Darüber hinaus folgt aus der gewohnheitsmäßigen Beleuchtung von oben, dass Schatten eine bestimmte Richtung aufweisen und die Richtung des Schattens die Objekterkennung im engeren Sinn erleichtern kann. Kleffner und Ramachandran (1992) haben im Einklang mit dieser Heuristik gezeigt, dass aus bestimmten Schatten Schlüsse über die räumliche Lage von Objekten gezogen werden, sofern die Schatten das „von oben beleuchtende" Prinzip widerspiegelten. Sie zeigten, dass die Wahrnehmung einfacher schematischer Abbildungen von Halbkugeln als konvex oder konkav durch die Beleuchtung von oben bestimmt wird (siehe Abbildung 8.7). Ebenfalls im Einklang mit dieser Annahme können anhand einer homogenen von oben kommenden Lichtrichtung vom Kontext abweichende Objekte parallel, also unabhängig von der Zahl der Distraktoren, während der visuellen Suche beachtet und gefunden werden (Enns & Rensink, 1990).

Abbildung 8.7: Konvexe und konkave Wahrnehmung entsprechend der angenommenen Beleuchtungsrichtung (nach Kleffner & Ramachandran, 1992).

Bei der Wahrnehmung von Szenen spielen also auch sogenannte Top-Down-Effekte (vgl. Kapitel 2) eine Rolle. Ein weiterer Befund, der z. B. eine Rolle der vorexperimentellen Erfahrung der Betrachter mit spezifischen Kontexten oder Szenen und den darin vorkommenden Objekten auf die Objekterkennung belegt, stammt von Palmer (1975). Er zeigte seinen Versuchspersonen einfache Szenen, beispielsweise einen Küchentisch. Direkt nach der Szene wurden einzelne Objekte für sehr kurze Zeit als Bilder gezeigt, die von den Versuchspersonen identifiziert werden sollten. Passten die Objekte zu den vermuteten Erfahrungen der Betrachter mit der Szene (z. B. „Toastbrot") wurden sie häufiger erkannt als wenn sie nicht passten (z. B. „Briefkasten"). Das war der Fall, obwohl passende und nicht-passende Objekte nicht vorher im Experiment gezeigt wurden. Die Szenen hatten also die Erkennung derjenigen Objekte erleichtert, die mit den Szenen in der vorexperimentellen Erfahrung assoziiert waren, d. h. häufiger gemeinsam gesehen wurden.

In diesem Kapitel (und in den vorangehenden Kapiteln) wurden fast ausschließlich visuelle Merkmale der Wahrnehmung behandelt. Denken Sie noch einmal an die Szene in Abbildung 8.1 zurück. Zu einer vollständigen Umwelt gehören für die meisten von uns neben den visuellen auch akustische und weitere Wahrnehmungseindrücke. Befände man sich in der in Abbildung 8.1 dargestellten Szene könnte man wahrscheinlich die Lüftung des Computers hören, es gäbe Hintergrundgeräusche und wir würden die Personen bestimmt miteinander reden hören. Vielleicht duftete die Banane; vielleicht würden wir sie sogar essen und daher schmecken. Wie die sitzenden Personen würden wir außerdem Druckempfindungen verspüren, und sooft wir uns bewegten, müssten wir die Balance halten, also spüren, wann wir im Gleichgewicht sind. Diese Wahrnehmungsleistungen der nicht-visuellen Modalität sind der Gegenstand der beiden folgenden Kapitel.

📖 Vertiefungsempfehlung

Kapitel 9 und 13, in: Bruce, V., Green, P., & Georgeson, M. (2003). *Visual Perception: Physiology, Psychology and Ecology.* Hove, UK: Psychology Press.

9 Auditive Wahrnehmung

„Es hört doch jeder nur, was er versteht."

Wenn Sie diesen Satz von Johann Wolfgang von Goethe laut lesen, dann produzieren Sie zum einen eine Lautfolge, die die Buchstabenfolge in ein auditives Signal übersetzt; und zum anderen eine Aussage, also „Bedeutung", die verstanden werden kann. Die Bedeutung von Goethes Satz illustriert diesen doppelten Bezug in ironisch-paradoxer Weise, indem sie das Verstehen zur Voraussetzung des Hörens erklärt, obwohl es vermutlich genau umgekehrt ist und das Hören als Voraussetzung des Sprachverstehens gelten muss (siehe aber unten).

Die Aussage von Goethe hat aber einen tieferen Sinn. Tatsächlich ist ein starker Einfluss des automatischen Sprachverständnisses charakteristisch für das Hören des Menschen: Das Verstehen erfolgt so effizient, dass es einiger Anstrengung bedürfte, beim Hören (oder Lesen) die Bedeutung des Satzes von Goethe *nicht* zu verstehen. Das Sprachhörverständnis ist ein Beispiel für eine Fertigkeit, die den Menschen von anderen Arten unterscheidet: Menschliche Sprache stellt ein komplexes, abstraktes System der *Symbolverarbeitung* dar, das sich beim Sprechen komplexer artikulatorischer Reizfolgen bedient. Symbole sind dabei ganz wörtlich als Zeichen (hier auditiv-lautsprachliche Sequenzen) aufzufassen, die auf nicht Gegenwärtiges verweisen. Vermutlich verfügt kaum eine andere Art über eine vergleichbar differenzierte Möglichkeit über das auditive System symbolische Information mit Artgenossen zu teilen.

Es ist eine weitere Besonderheit der menschlichen Sprache, dass sich in einem stammesgeschichtlich späteren Schritt die Schrift entwickelte, die es dem Menschen seit ca. 6.000 Jahren erlaubt, Sprache auch visuell darzustellen. Dabei generalisiert die Effizienz oder Automatisiertheit des Hörverstehens auf das Schriftverstehen, wie wir in Kapitel 5 am Beispiel des Stroop-Effektes erläutert haben.

Wie ist es möglich durch Sprache rein symbolisch, auf nicht Gegenwärtiges, Bezug zu nehmen? Den Schlüssel für das symbolische Sprachverstehen bildet das Gedächtnis. Der sprachlich-auditive Reiz muss zum Wissen über Grammatik und zum Vokabular im Gedächtnis in Bezug gesetzt werden, um Sprache zu verstehen. Der auditive Sinn ist für die Verarbeitung solcher sprachlich-auditiver Reize verantwortlich und es ist aufgrund der hohen adaptiven Relevanz der Sprache davon auszugehen, dass die lautsprachlichen Merkmale der Sprache maßgeblich durch die spezifische Sensibilität des auditiven Systems und des menschlichen Gedächtnisses geformt wurden.

Das auditive System ist neben dem Sprachverstehen auch mit dem „Verstehen" oder Verarbeiten weiterer akustischer Reize befasst. Dazu gehört sogar ein zweites, ebenfalls abstraktes Signalsystem: Musik. Menschen musizieren seit mindestens 35.000 Jahren. So alt sind die ältesten bislang gefundenen Knochenflöten. Der Ursprung der Musik mag in der Nachahmung von Vogelgesang oder anderen Naturgeräuschen, wie denen von Schritten oder Donner, liegen. Die Tatsache, dass sich die Musik im Laufe der Jahrzehntausende zu abstrakten Regelwerken entwickelte, die die Komposition von Tönen und Tonsequenzen regeln, weist eine erstaunliche Parallele zur Sprache auf und macht deutlich, wie eng der Bezug der Wahrnehmung zu den höheren geistigen Fähigkeiten der gedächtnisbasierten Regelanwendung sein könnte.

9.1   Psychoakustik

Erste Begriffe der Psychoakustik. Den speziellen Teil der Psychophysik, der sich mit dem auditiven Sinn oder Hörsinn befasst, nennt man Psychoakustik. Ganz allgemein liefert der Hörsinn eine auditive Repräsentation unserer Umwelt. Schließen Sie kurz die Augen, und identifizieren Sie das erste Geräusch, das Sie hören. Es ist erstaunlich, dass Sie vermutlich mit großer Sicherheit sagen können, ob dies ein vorbeifahrendes Auto, eine Tür oder das Läuten einer Kirchenglocke ist; und vermutlich haben Sie auch wahrgenommen, aus welcher Richtung das Geräusch kam und wie weit das auslösende Ereignis in etwa entfernt war. Die Psychoakustik untersucht, wie solche Ereignisse gehört, im Gehirn verarbeitet und im Gedächtnis gespeichert werden, damit verschiedene Töne, Klänge, Geräusche und Laute wahrgenommen, identifiziert oder voneinander unterschieden werden können.

Was geschieht während des Hörens? Auf Reizseite werden durch Ereignisse, wie ein fahrendes Auto, die Luftmoleküle in Schwingung versetzt. Diese Schwingungen nennt man **Schall**. In einem Vakuum würden Ereignisse, z. B.

ein fahrendes Auto, nicht gehört, da kein Schall entstünde, also keine schwingenden Luftmoleküle die reizseitigen Bewegungen dem Ohr zugänglich machen würden.

Was wir hören hängt von der Art der Schwingungen ab, die das Ohr erreichen; Schwingungen der Luft lassen sich vornehmlich nach ihren Frequenzen und Amplituden unterscheiden. Hohe Töne entsprechen höheren Schwingungszahlen pro Zeiteinheit, sie haben also höhere Frequenzen als tiefe Töne. Laute Töne haben stärkere Schwingungen, sie weisen also höhere Schwingungsamplituden auf als leisere. Allgemein ist das menschliche Ohr für Frequenzen zwischen ca. 20 und 20.000 Hertz (Hz) empfindlich. Das entspricht zwischen 20 und 20.000 Schwingungen pro Sekunde. Um diese Frequenzen unterscheiden zu können, muss das auditive System über eine hohe zeitliche Auflösung verfügen. Ohne eine entsprechend hohe zeitliche Auflösung könnten die unterschiedlichen Frequenzen nicht zu unterschiedlichen Tonhöhenempfindungen führen.

Das Beispiel der frequenzabhängigen Tonhöhenwahrnehmung illustriert dabei die eingangs des Buches getroffene Unterscheidung von Repräsentation und Empfindung. Zur Erinnerung: Unter Repräsentation verstehen wir eine inter-subjektiv oder im Handlungsvollzug nachweisbare Korrespondenz von Eigenschaften des Wahrnehmungsgegenstandes und des distalen Reizes. Unter Empfindungen verstehen wir hingegen die Merkmale des Wahrnehmungsgegenstandes, die sich nicht leicht als Merkmale des distalen Reizes nachweisen lassen und daher als „privat" oder „subjektiv" gelten müssen. Die Tonhöhe illustriert eine Empfindung in diesem Sinne. Die Tonhöhenempfindung setzt zwar die Fähigkeit zur zeitlichen Auflösung des akustischen Reizes voraus, denn anders wären unterschiedliche Frequenzen nicht zu unterscheiden. Aber die Empfindung der Tonhöhe hat keine offensichtliche Ähnlichkeit mit dem auslösenden Reizereignis: Unterschiedliche Tonhöhen werden gerade nicht als unterschiedliche Zeitdauern (hier Schwingungsdauern) oder Ereignismengen pro Zeiteinheit (hier z. B. Schwingungen pro Sekunde) empfunden. Warum sich die Tonhöhenempfindungen von den zeitlichen Merkmalen des akustischen Reizes unterscheiden, ist letztlich bis heute nicht hinreichend geklärt.

Hörereignisse. Verschiedene distale akustische Reize entsprechen unterschiedlichen *Hörereignissen*, die eigene Namen tragen. Als **reinen Sinuston** bezeichnet man eine singuläre Schwingungsfrequenz. Als **Ton** bezeichnet man hingegen eine Verteilung von Frequenzen, bestehend aus Grundton und Obertönen. Obertöne sind Vielfache der Grundtonfrequenzen. Sie entstehen z. B. beim Blasen einer Klarinette oder Flöte oder beim Streichen, Zupfen oder Schlagen einer Geigen-, Gitarren- oder Klavierseite. Die Art und genaue Zusammensetzung von mehreren Tönen, inklusive der Obertöne, zu Schallverteilungen bestimmt den **Klang**, beispielsweise ob ein Klavier oder eine Oboe wahrgenommen wird. Neben dem Klang gibt es auch Schallverteilungen, die als **Laute** bezeichnet werden – das sind sprachliche und nicht sprachliche Vokalisationen – und **Geräusche**. Laute und Geräusche sind Schallverteilungen, die aus einer Mehrzahl gleichzeitiger und sequentieller „Töne" oder Klänge einschließlich nicht-sinusförmiger Schwingungen bestehen.

Psychoakustik der Lautheit. In der Psychoakustik wird die Unterscheidungsfähigkeit des Hörens bis heute vornehmlich anhand von Schwellenmessungen (vgl. Kapitel 4) mit reinen Sinustönen ermittelt. Auch die psychoakustischen Untersuchungen der Lautheitsempfindungen führen uns vor Augen, dass wir sorgfältig zwischen physikalischer Reizstärke und subjektiver Empfindung unterscheiden müssen. So gilt für die Wahrnehmung der Lautheit von Tönen das in Kapitel 4 erörterte Weber-Fechnersche Gesetz. Danach ist die empfundene Lautheit nicht dasselbe wie die physikalische Schalldruckstärke, sondern eine logarithmische Funktion der Schalldruckstärkeänderung. Der schwächste eben wahrnehmbare Schalldruck an der Absolutschwelle beträgt ca. 20 Mikropascal. Das liegt knapp oberhalb der Schalldruckstärke braunscher Molekularbewegung. Aufgrund der Absolutschwelle hören wir also in der Regel unser Blut nicht rauschen. Die Schmerzgrenze oder Obergrenze liegt bei ca. 130 Dezibel. Das entspricht ungefähr der Schalldruckstärke eines startenden Flugzeugs, wenn wir neben der Startbahn stehen. Pascal und Dezibel sind dabei Angaben über die physikalische Reizstärke. Sie sind streng von der subjektiven Empfindung der Lautheit zu unterscheiden, die der Schalldruck hervorruft, denn mit zunehmender Schalldruckstärke wird ein zunehmend höherer objektiver Schalldruckstärkeunterschied benötigt, um denselben subjektiv empfundenen ebenmerklichen Lautheitsunterschied (entsprechend der Unterschiedsschwelle) herbeizuführen. Dieser Zusammenhang gilt zumindest im mittleren Bereich der psychoakustischen Funktion.

Unsere Diskussion der Beziehung zwischen Schalldruckstärke und Lautheit wäre aber unvollständig, wenn wir nicht zumindest auch die Frequenz des akustischen Reizes erörtern würden. Es ist nämlich zu beachten, dass Schwellen der Schallwahrnehmung frequenzabhängig variieren. Die Absolutschwelle ist in den Extrembereichen des Frequenzbandes des auditiven Systems (von 20 bis 20.000 Hz) erhöht. Um einen Ton von z. B. 20 Hz zu hören ist also eine höhere minimale Schalldruckstärke notwendig als zum Hören eines Tones von z. B. 1.000 Hz. Das wird in Angaben der *Lautstärke* berücksichtigt. Die Lautstärke (genauer ihr Pegel in Phon) gibt an, welchen Schalldruck ein Sinuston von 1.000 Hz aufweisen müsste, damit dieser Ton genauso laut wie ein beliebiger

Vergleichshörreiz erscheint. Aber auch das Konzept der Lautstärke berücksichtigt nicht alle bekannten psychoakustischen Gesetzmäßigkeiten. Außer von der Frequenz sind die Schwellen der Schallwahrnehmung z. B. vom Alter und dem körperlichen Zustand des Hörers abhängig. Selbst psychoakustische Maße, wie die Lautstärke, tragen also nur einigen allgemeinen Gesetzmäßigkeiten Rechnung und lassen andere Prinzipien des Hörens außer Acht.

9.2 Auditives System

Der Mensch nimmt den Schall über das Ohr als peripheres Sinnesorgan auf. Den Eingang bilden die Ohrmuscheln. Sie liegen rechts und links an der Außenseite des Kopfes und bestehen aus fleischig knorpeligen Trichtern, die die äußeren Endungen der Hörkanäle bilden. Da die Ohrmuscheln inter-individuell variieren, unterscheiden sich Menschen auch in Bezug auf ihre Hörrepräsentationen und -empfindungen voneinander. Summen Sie einmal und legen Sie dabei ihre Hand hinter die Ohren (oder ändern Sie Ihre Ohrmuschelform durch leichtes Verdrehen der Ohrmuscheln). Auf diese Art können Sie unmittelbar empfinden, welche Konsequenz Variationen der Ohrmuschelform für Hörempfindungen haben können. Der Grund für die Unterschiede der Hörempfindungen liegt in der Veränderung der Frequenzspektren oder -bänder in Abhängigkeit von der Ohrmuschelform. Die Ohrmuschel wirkt nämlich wie ein Filter: Je nach Muschelform werden einzelne Frequenzen des akustischen Reizes gedämpft oder gefiltert.

Bis es zur Hörempfindung kommt werden mehrere Verarbeitungsschritte durchlaufen. Schon im Außenohr erfolgt die erste Lokalisation des distalen Reizes: Durch die Form der Ohrmuschel weisen nämlich verschiedene Richtungen des Schalleinfalls Unterschiede in ihrer Frequenzverteilung auf. Am Ende des Ohrkanals trifft der Schall dann auf das **Trommelfell**. Dieses ist eine dünne Membran, die den Schall nah an die Hörknöchelchen leitet. Durch den Druck des Schalls werden Schwingungen von den drei anatomischen Knochenteilen, Hammer, Amboss und Steigbügel, in das Innenohr geleitet. Diese drei Knöchelchen verdanken ihre Namen ihren ungewöhnlichen Formen. Ihre Funktion ist die Weiterleitung und Verstärkung des Schalls zur Transduktion, also der Umwandlung in Nervenimpulse im Innenohr, genauer in der Hörschnecke oder **Cochlea**.

Die Cochlea ist ein flüssigkeitsgefülltes System, in das **Haarzellen** hineinragen, die auf Veränderungen des Flüssigkeitsdrucks reagieren und den Hörnerv entsprechend der Stärke ihrer Scherung (oder Biegung) innervieren. Der

Hörnerv leitet den in den Haarzellen generierten Nervenimpuls in die auditive
Rinde des Cortex, genauer den oberen Temporallappen, weiter. Resultat dieser Weiterleitung sind die auditiven Empfindungen und Repräsentationen, in
Form von Geräuschen und Tönen. Hören als das Wiedererkennen von distalen
akustischen Reizen beruht somit auf den durch Schallunterschiede erzeugten
Reaktionsmustern einer Gruppe von mechanisch gereizten Haarzellen und des
im Gehirn erfolgenden Vergleiches des Nervenimpulsmusters mit den gespeicherten Mustern. Diese Verarbeitungsprozesse erlauben so feine Unterscheidungen, wie die von Personen anhand ihrer Stimmen oder unterschiedlicher
Interpretationen von Symphonien.

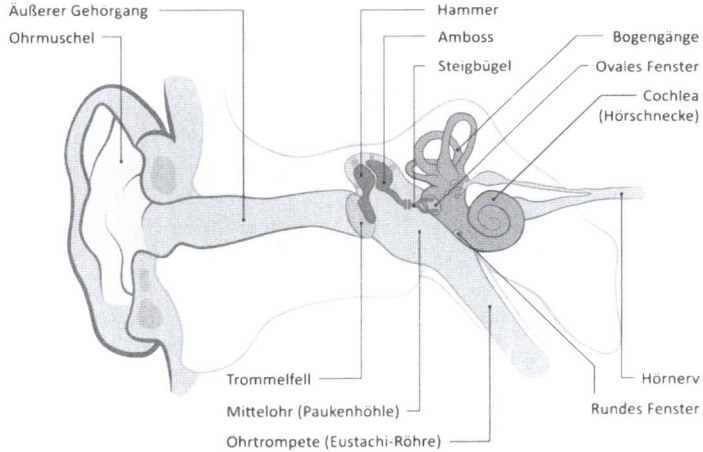

Abbildung 9.1: Schematische Darstellung des menschlichen Ohrs.

Räumliche Lokalisation. Die Tätigkeitstheorie der Aufmerksamkeit betont,
dass sich der Mensch als handelnder Agent, z. B. als Jäger, von jeher in seiner
Umwelt bewegt hat. Die durch die Aktivität des Menschen bedingten Änderungen der relativen Orte von Objekten und Ereignissen im Raum erfordern
räumliche Orientierung. Unter dieser Perspektive müssen auch Schallquellen
sicher und schnell lokalisiert werden können.

   Schall bewegt sich zwar deutlich langsamer als Licht (300.000 km/s), bei klarer Luft und ca. 20° Celsius etwa 343 Meter pro Sekunde. Das ist aber ausreichend schnell, um relativ unmittelbar und zeitnah zum auslösenden distalen
Reiz zu hören und diese Reize zu lokalisieren. Im Einklang mit der Tätig-

keitstheorie ist der Hörsinn sehr sensibel für Veränderungen von Distanz und Richtung der Quelle des distalen Reizes. Der Hörsinn liefert eine Form räumlich strukturierter und zeitlich gut auflösender Umweltrepräsentation, die die Mängel des visuellen Sinnes kompensieren kann. So können verdeckte oder schlecht beleuchtete Gegenstände außer Sicht oder im Dunkeln, durch auditive Wahrnehmung erkannt und erfolgreich lokalisiert werden, selbst wenn sich der Hörende bewegt oder wenn sich die Schallquellen bewegen.

Dabei gilt, ähnlich wie beim visuellen Sinn: Die akustische Repräsentation und die Hörempfindung sind die Resultate der physikalischen Eigenschaften der Umgebung *und* der Funktionsweise des Hörapparates selbst. Viele Organismen verfügen über die Fähigkeit, Schall aus der Umgebung in neuronale Aktivität und vermutlich auch in Empfindungen umzuwandeln. Manche Tiere haben aber Ohren ohne Öffnung nach außen, wie z. B. Schlangen oder Robben. Auch der Sitz des peripheren Hörorgans ist keineswegs bei allen Tieren am Kopf. Zikaden tragen ihre Ohren z. B. an den Beinen. Aus den unterschiedlichen Merkmalen der peripheren auditiven Organe ergeben sich Repräsentations- und Empfindungsunterschiede zwischen Spezies, selbst wenn der distale Reiz und der physikalische Schall dieselben sind.

In Kapitel 7 haben wir erörtert, dass zur räumlichen Orientierung in der visuellen Modalität anhand von Tiefenwahrnehmung die Netzhautbilder beider Augen zur Bestimmung der Distanz von Objekten zum Wahrnehmenden ausgewertet werden. In vergleichbarer Weise bildet im auditiven System die Differenz des Schalls, die zwischen den Ohren besteht, eine Grundlage der räumlichen Lokalisation. Das werden wir im nächsten Abschnitt erörtern.

Richtung und Entfernung. Abbildung 9.2 illustriert die reizseitigen Quellen, die beim Hören zur Auswertung von Richtung und Entfernung verwendet werden. Für die Richtung werden die Schallunterschiede zwischen den beiden Ohren analysiert. Die Schätzung der Distanz beruht hingegen primär auf einer Analyse von Merkmalen des Frequenzspektrums.

Um ein akustisches Ereignis im Raum zu lokalisieren, werden distale auditive Reize relativ zur Horizontalebene (oben-unten), zur Medianebene (rechts-links) sowie zur Frontalebene (vorne-hinten) analysiert. Diese Lokalisation ist auch von einer ausreichend hohen zeitlichen Auflösung der auditiven Verarbeitung abhängig. Die Richtung, in der sich der distale auditive Reiz befindet, wird nämlich zum Teil auf Basis der Laufzeitdifferenzen zwischen den Ohren abgeschätzt, die durch ein späteres oder phasenverschobenes Eintreffen des Schalls am weiter von der Schallquelle entfernten Ohr bedingt sind. Die zweite Quelle der Richtungswahrnehmung sind die Amplitudendifferenzen zwischen den Ohren: stärkere Amplituden am näher zum Reiz gelegenen Ohr. Diese

Formen der Lokalisation erfolgen auf Ebene des auditiven Cortex. Hier werden die Unterschiede zwischen den Ohren systematisch ausgewertet. Nach der Duplex-Theorie von John William Strutt, Baron von Rayleigh (*1842; †1919), sollen die Laufzeitdifferenzen vor allem für die Lokalisation der niederfrequenten Töne und die Amplitudendifferenzen für die Lokalisation der hochfrequenten Töne verantwortlich sein. Im Einklang mit dieser Annahme werden die kleinen interauralen Amplitudendifferenzen nur bei hochfrequenten Tönen durch den „Kopfschatten", also eine amplitudendämpfende Wirkung des Kopfes für den Schall, prononciert. Die Wellenlänge von niederfrequenten Tönen (unter ca. 1.500 Hz) ist hingegen so groß, dass die Welle um den Kopf herumreicht und die Amplitudendifferenz daher nicht durch den dämpfenden Kopfschatten vergrößert wird. Die Lokalisation der niederfrequenten Schwingungen profitiert dafür von der interauralen Phasendifferenz, also dem interauralen Unterschied der Amplitude ein und derselben Schwingung.

Unterschiede der Laufzeit und der Amplitude, die zwischen den Ohren bestehen, werden außer zur Lokalisation auch zur Wahrnehmung der Richtungsänderungen von Schallquellen verwendet. Wird ein Ton, Laut oder Geräusch auf einer Seite über die Zeit stärker, so wird dies als eine Annäherung der Schallquelle von der „lauteren Seite" empfunden. Für die räumliche Repräsentation der Distanz werden Klangfarbe und das Muster reflektierter Frequenzen des distalen akustischen Reizes unter Zuhilfenahme des Gedächtnisses analysiert. Beispielsweise wird die Entfernung eines Autogeräusches im Verhältnis zu anderen Geräuschen und unter Zuhilfenahme der Erinnerung repräsentiert („Ist das Fenster geschlossen oder geöffnet?"), d. h. vorhergehender Erfahrung mit diesem Geräusch.

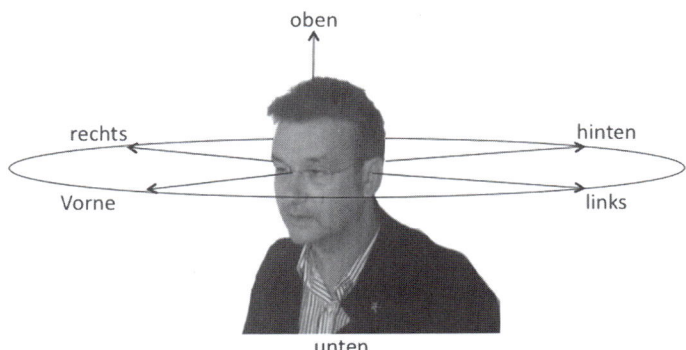

Abbildung 9.2: Richtungsebenen beim Hören.

Um die Entfernung des distalen akustischen Reizes wahrzunehmen, bedient sich das auditive System grundsätzlicher Zusammenhänge zwischen Distanz und akustischem Korrelat. Mit zunehmender Distanz werden distale akustische Reize niederfrequenter, da hohe Frequenzen (d. h. Anteile höherer Töne) von der Luft stärker absorbiert werden. Dadurch hören sich weiter entfernte Ereignisse tiefer an. Auch die Schalldruckstärke und ergo die empfundene Lautheit nimmt mit zunehmender Distanz ab. Zusätzlich gibt es für unterschiedliche Frequenzen Unterschiede in der Geschwindigkeit, mit der sie sich ausbreiten. Nur ein Vergleich mit im Gedächtnis gespeicherten Schallfrequenzverteilungen erlaubt die Leistungen der auditiven Lokalisation.

9.3   Auditiver Sinn und Gedächtnis

Um das Gehörte sinnvoll interpretieren zu können, müssen Hörer die Reize mit Gedächtnisinhalten, als den Resultaten vergangener Erfahrungen, vergleichen. Dazu dient der auditive sensorische Speicher des Hörers, auch **Echospeicher** genannt. Er hält den proximalen auditiven Reiz kurzzeitig zur Weiterverarbeitung bereit. Im auditiven System ist die Dauer für die ein Reiz im Echospeicher gemerkt wird bei unerwarteten Gedächtnistests auf etwa 2–10 Sekunden geschätzt worden. Damit wäre die auditive Spur im Echospeicher deutlich länger verfügbar als die visuelle Spur im entsprechenden visuellen sensorischen Speicher (dem sogenannten **ikonischen Gedächtnis**). Es gibt allerdings auch Autoren, die die Behaltensdauer im Echospeicher als deutlich kürzer schätzen. Lässt man die Versuchsperson im psychophysischen Experiment beurteilen, wie lange eine Reizdarbietung empfunden wird, kann man die subjektiv empfundene Reizdauer ermitteln. Dabei werden in der Regel minimale empfundene Dauern von etwa 150 Millisekunden ermittelt. Diese minimale empfundene Reizdauer gilt für verschiedene Modalitäten. Daher wurde vermutet, dass damit die Zeitdauer bestimmt sei, die die Spur des proximalen Reizes im sensorischen Speicher verfügbar ist. Eine objektive Methode, die Spurdauer im Echospeicher zu ermitteln, stellt die Prozedur der **Rückwärtsmaskierung** (engl. „backward masking") dar. Ähnlich wie in der visuellen Modalität (vgl. Kapitel 7) wird dabei den Versuchspersonen zunächst ein Testreiz dargeboten, beispielsweise ein hoher oder tiefer Ton. Danach folgt in kurzem zeitlichem Abstand ein auditiver Maskierreiz. Aufgabe der Versuchsperson ist es, anzugeben, ob der Testreizton hoch oder tief ist. Durch die Variation des zeitlichen Intervalls zwischen Test- und Maskierreiz kann man ermitteln, ab welchem Intervall die Unterscheidung des Testreizes nicht länger durch den Maskierreiz gemindert wird. Folgt der Maskierreiz sehr schnell auf den Testreiz, ist die Aufgabe schwierig und die Fehlerraten bei der Tonhöhenunterscheidung des Testreizes sind hoch. Ab Intervallen von ca. 250 ms aufwärts kann aber die Tonhöhe des Testreizes gut unterschieden werden. Dieses minimale Intervall einer optimalen Unterscheidungsleistung wird zur Schätzung der Dauer verwendet, für die die Spur des proximalen Testreizes im Echospeicher verfügbar und daher durch den Maskierreiz beeinflussbar war (Massaro, 1970). So eindeutig die Ergebnisse aus Rückwärtsmaskierungsexperimenten sind, ihre Interpretation ist nicht einfach. So ist z. B. unklar, ob die Intervalle durch die Dauer der Repräsentation des Testreizes im sensorischen Speicher bedingt sind, oder ob diese Intervalle anzeigen, wie viel Zeit die Versuchsperson benötigt, um einen Reiz zu unterscheiden (Nairne, 2003). Die oben genannten, bei spontanen Gedächtnistests ermittelten, höheren geschätzten Behaltenszeiten, die mit nicht-maskierten akustischen Signalen geschätzt wurden, könnten nach dieser Auffassung die tatsächliche Behaltensdauer des Echospeichers widerspiegeln.

Hörsinn und Arbeitsgedächtnis. Dass insbesondere das auditive Sprachverstehen eine Bezugnahme auf Gedächtnisinhalte verlangt, spiegelt sich auch in der Gedächtnistheorie von Baddeley und Hitch (1974) wider. In ihrer Multikomponenten-Theorie des **Arbeitsgedächtnisses** (engl. „working memory") ordnen Baddeley und Hitch der auditiv-sprachlichen (phonologischen) Wahrnehmung ein eigenes Teilsystem zu. Neben einer zentralen Exekutive, die begrenzte Verarbeitungsressourcen zur Aufgabenbearbeitung während der Wahrnehmung zwischen verschiedenen Modalitäten und Reizen aufteilt und zuweist (vgl. Kapazitätstheorien der Aufmerksamkeit in Kapitel 1), werden in dem Modell zwei sogenannte Sklavensysteme unterschieden, die mit visuellen und auditiven Gedächtnisprozessen befasst sind: Auditive Reize gelangen demnach während der Wahrnehmung in die Phonologische Schleife (engl. „phonological loop"), in der sie durch inneres Nachsprechen (engl. **„rehearsal"**) vor dem „sensorischen Zerfall" (soll heißen vor dem Vergessen) bewahrt werden. Auditive Reize werden hierbei als sprachliche Reize verstanden, denn Geräusche können nicht nachgesprochen werden. Für die Beteiligung eines solchen phonologischen Speichers an der auditiven Wahrnehmung spricht, dass phonologisch ähnliche Wörter schlechter gleichzeitig im Gedächtnis behalten werden können als semantisch ähnliche Wörter (Conrad & Hull, 1964).

In einer späteren Variante des Modells hat Baddeley (2000) zusätzlich zu den genannten drei Komponenten einen episodischen Speicher angenommen. Der episodische Speicher des Arbeitsgedächtnisses dient u. a. dem kurzzeitigen Speichern nicht-sprachlicher auditiver Reize, wie Melodien, Töne etc., die für Rehearsal ungeeignet sind. Baddeley sieht das Arbeitsgedächtnis als eine vom Langzeitgedächtnis unabhängige Einheit, die modalitätsspezifische Information aus den wahrgenommenen Reizen für die Übertragung in das Langzeitgedächtnis bereitstellt. Nach der Auffassung Oberauers (2002) ist das Arbeitsgedächtnis jedoch möglicherweise ein aktuell aktiver Bestandteil des Langzeitgedächtnisses. Nach dieser Auffassung sind die ersten an der auditiven Wahrnehmung beteiligten Gedächtnisaktivitäten unmittelbar mit allen potentiellen in der Vergangenheit erlernten Bedeutungen von Wörtern, Sätzen, Melodien und Geräuschen verknüpft. Diese Auffassung entspricht einem sehr starken Einfluss des Vorwissens auf die auditive Sprachwahrnehmung und deckt sich daher beinahe mit Goethes Position. Diese Auffassung wird außerdem durch Ergebnisse der Sprachverstehensforschung (z. B. den phonemischen Instandsetzungseffekt, siehe unten) unterstützt.

Ein anderes Beispiel für eine unmittelbar erfahrungs- und gedächtnisbasierte auditive Bedeutungswahrnehmung im nicht-sprachlichen Bereich beschreibt der österreichische Schriftsteller Robert Musil zu Beginn seines Buches *Der Mann ohne Eigenschaften*: „Hunderte Töne waren zu einem drahtigen Geräusch ineinander verwunden, aus dem einzelne Spitzen hervorstanden, längs dessen schneidige Kanten liefen und sich wieder einebneten, von dem klare Töne absplitterten und verflogen. An diesem Geräusch, ohne dass sich seine Besonderheit beschreiben ließe, würde ein Mensch nach jahrelanger Abwesenheit mit geschlossenen Augen erkannt haben, dass er sich in der Reichshauptstadt und Residenzstadt Wien befände." (S. 9). Dieses literarische Beispiel illustriert im Prinzip die direkte Informationsentnahme aus einer akustischen Anordnung der Umgebung, ähnlich der aus optischen Anordnungen, die Gibson (1966) für die visuelle Modalität angenommen hatte (vgl. Kapitel 1).

Bedeutungsextraktion – Sprachverstehen. Wahrnehmungspsychologisch ist die Frage zentral, wie im Fluss der akustischen Reize bedeutungsvolle Information erkannt werden kann. An der Sprachwahrnehmung kann man sich dieses Problem vergegenwärtigen. Naiv mag die Sprachwahrnehmung bis auf wenige Ausnahmen (siehe McGurk-Effekt, Kapitel 10) sicher erscheinen. Selten missverstehen wir ein Wort, und im Allgemeinen ist die Übereinstimmung zwischen Personen auch in der Wort- und der Buchstabenerkennung groß. In Anbetracht des akustischen Sprachreizes ist diese Leistung aber erstaunlich. Die folgende Abbildung zeigt die Ergebnisse einer akustischen Messung zweier gesprochener Sätze. Um zu verstehen, wie diesem akustischen Reiz Information entnommen werden kann, müsste man wahrgenommenen Buchstaben und Wörtern die entsprechenden Abschnitte des physikalischen Reizes zuordnen. Das ist allerdings nicht einfach.

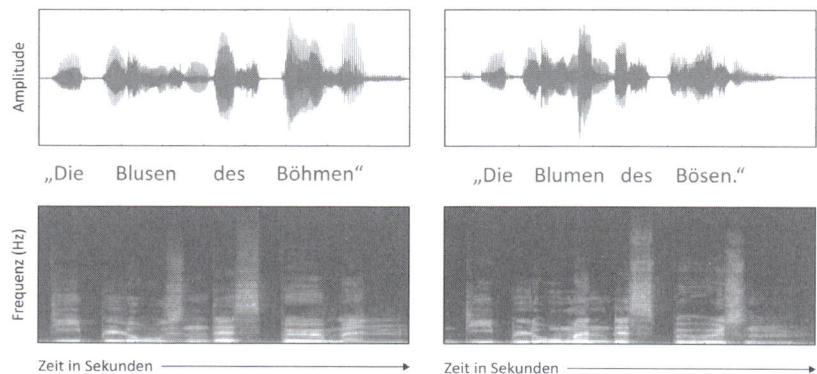

Abbildung 9.3: Akustisches Spektrum zweier gesprochener Sätze. Links „Die Blusen des Böhmen" rechts „Die Blumen des Bösen".

Die Lösung wäre umso einfacher, je klarer jedem Buchstaben ein eindeutiger Abschnitt des Reizes entspräche. Aber die einzelnen Phasen des akustischen Reizes werden von Artikulationen bestimmt, die mehreren (vorangegangenen) und/oder folgenden) **Phonemen** entsprechen, und sie werden von weiteren akustischen Ereignissen (etwa Hintergrundgeräuschen) beeinflusst. Als Phoneme bezeichnet man die kleinsten lautsprachlichen bedeutungsunterscheidenden Einheiten. Phoneme, die sequentiell interpretiert werden sollen, werden zum Teil gleichzeitig ausgesprochen. Das nennt man Koartikulation. Außerdem artikulieren Sprecher sehr unterschiedlich, so dass akustische Reize, die demselben Phonem oder Wort entsprechen, objektiv sehr unterschiedlich ausfallen können. Kinder und Erwachsene, Frauen und Männer, unterscheiden sich u. a. systematisch in der Tonhöhe ihrer Artikulationen.

Dass trotz dieser objektiven Schwierigkeiten mit hoher Sicherheit wahrgenommen werden kann, wird durch Normalisierungsprozesse erklärt. Man nimmt an, dass der Wahrnehmende beim Sprachverstehen die irrelevanten Variationen aus dem Signal ausfiltert und somit eine um die Variabilität bereinigte Version des Signals erhält. So werden Unterschiede zwischen verschiedenen Sprechern normalisiert. Solche Normalisierungsprozesse erlauben außerdem das Verstehen verschiedener Dialekte. In der Sprachwahrnehmung wirken also Top-Down-Prozesse. D. h., die Wahrnehmung beruht nicht nur auf dem akustischen Reiz selbst, sondern ist ein aktiver Prozess der (vorwegnehmenden) Interpretation, indem der Wahrnehmende sinnvolle Fortsetzungen des bislang

Gehörten antizipiert. Der phonemische Instandsetzungseffekt (engl. **„phone-mic restoration effect"**) illustriert das anschaulich. Warren und Warren (1970) spielten ihren Versuchspersonen Sätze vor, bei denen in einem unvollständigen Wort ein Buchstabe am Beginn des Wortes durch ein Räuspern ersetzt wurde. Die Wörter waren so gewählt, dass unterschiedliche Anfangsbuchstaben die Wortbedeutung veränderten. Beispielsweise kann die Wortendung „aus", zu den Wörtern **„Haus", „Maus"** oder **„raus"** gehören. Je nach Bedeutung des Satzes vervollständigten die Versuchspersonen die gehörten Wörter und meinten jeweils das zum Kontext des Satzes passende Wort gehört zu haben.

Normalisierungsprozesse setzen voraus, dass der Zuhörer aus der Gesamtheit des akustischen Reizstromes einzelne Ereignisse heraushören kann. Konzentrieren wir uns beispielsweise in einer Gruppe auf einen einzelnen Sprecher, so können andere akustische Signale aktiv abgeschwächt werden. Das bezeichnet man als **Cocktail-Party-Effekt.** So sind wir in der Lage, auf einer Feier dem Gespräch mit einer Person zu folgen und andere gleichzeitig gehörte Gespräche anderer Personen aus unserer Wahrnehmung auszufiltern. Diese Form der selektiven Aufmerksamkeit hatten wir bereits in Kapitel 5 am Beispiel der Untersuchungen zum dichotischen Hören erörtert.

9.4 Physiologische Korrelate – Mismatch Negativity

Ein besonders informatives Paradigma zur Untersuchung der Wahrnehmung des sequentiellen auditiven Reizstromes und der daran beteiligten Aufmerksamkeitssteuerung verwendet die sogenannte **„Mismatch-Negativity" (MMN).** Werden Reihen von Tönen dargeboten (der sogenannte „Standard"), so reagiert das auditive System auf einen nicht in die Reihe passenden Ton („Deviant") mit einer Latenz von etwa 200 ms nach der Darbietung des Devianten mit einer spezifischen hirnphysiologischen Antwort: einer Negativierung des EKPs mit fronto-zentralem Maximum. Diese physiologische Reaktion kann mittels **EEG** oder mit bildgebenden Verfahren erfasst werden.

Das Paradigma ist in Abbildung 9.4 illustriert. Die MMN auf einen neuen, unpassenden Reiz tritt in diesem Paradigma automatisch auf (Näätänen et al., 2007). Im Standardparadigma lösen Devianten z. B. eine MMN aus, während die Versuchsperson ein Buch liest und die Tonfolgen, die sie über Kopfhörer hört, überhaupt nicht beachten soll. Dieses Ergebnis zeigt, dass die Versuchsperson keine Absicht zur Beachtung der Devianten bilden muss, damit eine MMN ausgelöst wird, sondern dass die Devianten in der Lage sind die Aufmerksamkeit auf die Töne zu lenken, weil sie vor und unabhängig von der

Zuwendung der Aufmerksamkeit verarbeitet werden. Das Ergebnis deckt sich also mit der Annahme einer automatischen, aufmerksamkeits- und absichtsunabhängigen Verarbeitung der Devianten. Durch die systematische Variation der Devianten, etwa der erforderlichen minimalen Merkmalsabweichung des Devianten zur Auslösung einer MMN, kann man Hypothesen über den Fortgang des sequentiellen auditiven Wahrnehmungsvorganges prüfen. Typische Variationen betreffen die Anzahl der regelkonformen Reize, die Dauer der auditiven Sequenzen und das Ausmaß der Unähnlichkeit zwischen Standard und Deviant.

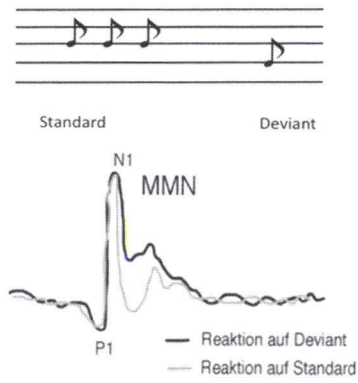

Abbildung 9.4: Beispiele für das MMN-Paradigma und eine graphische Illustration der MMN.

Die MMN tritt nicht auf, wenn ein Reiz, auch wenn er auffällig ist, isoliert dargeboten wird. Sie setzt also einen Unterschied zwischen aktuellem und zeitlich vorangegangenem Ereignis voraus. Dass *Reizunterschiede* für die MMN verantwortlich sind, wird außerdem durch die Tatsache belegt, dass die MMN auch dann auftritt, wenn der deviante Reiz von geringerer physikalischer Stärke ist als der Standardreiz, also wenn der Deviant weniger intensiv, weniger lang oder weniger laut als der Standard ist. Es liegt daher nahe zu vermuten, dass wiederholter sequentieller auditiver Input als Spur im Gedächtnis repräsentiert wird und der aktuelle auditive Input automatisch auf seine Übereinstimmung mit dieser Gedächtnisspur geprüft wird. Winkler und Kollegen (1993) prüften direkt, ob das Auftreten der MMN auf der Gedächtnisspur für die vorangegangenen Töne beruht. Wurde das Gedächtnis für die Standardreize durch Rückwärtsmaskierung reduziert, war auch die MMN auf den nachfolgenden

Devianten verringert. Die MMN beruht somit, ähnlich wie das auch für den verbal-auditiven Input gilt, eindeutig auf einer Gedächtnisrepräsentation.

Da die MMN sehr robust ist, ist sie sehr gut geeignet, um die kontinuierliche Veränderung der Repräsentation des sequentiellen auditiven Reizes zu untersuchen. Mit dem MMN-Paradigma kann daher gezeigt werden, wie sich auditive Gedächtnisspuren über die Zeit bilden. Wird die in Abbildung 9.4 dargestellte Versuchsanordnung schnell und häufig wiederholt, so bildet die Kombination aus Standard und Deviant mit der Zeit wiederum eine eigene Gedächtnisspur (Rosburg, 2004). Die Reaktion auf den Devianten wird dann geringer und die gesamte Folge aus Standard und Deviant wird zum neuen Standard. Um eine neuerliche MMN zu zeitigen, müssten in dieser Situation weitere, neue Devianten dargeboten werden.

Mit Hilfe der MMN können auch Hypothesen zur kombinierten Merkmalsverarbeitung überprüft werden. Treisman und Gelade (1980) nahmen in der Merkmalsintegrationstheorie (siehe Kapitel 4) an, dass Kombinationen von Merkmalen nur *nach* einer Zuwendung der Aufmerksamkeit wahrgenommen werden können. Gomes et al. (1997) prüften diese Annahme mit zu einem Reiz zusammengesetzten auditiven Merkmalen. Wenn die Hypothese zutreffen sollte, dann müsste es unmöglich sein, eine MMN durch einen Devianten zu erzeugen, der einer Neukombination der bekannten Merkmale des Standards entspricht, denn die automatische MMN scheint der Aufmerksamkeitszuwendung *vorauszugehen*. Wichtig für die Logik der Experimente zur Prüfung dieser Hypothese ist, dass ausgeschlossen werden kann, dass einzelne auditive Merkmale des Devianten per se (bspw. seine Tonhöhe oder Intensität) neu und somit singulär sind. In der Untersuchung von Gomes et al. hörten Versuchspersonen daher drei Standardreize, die jeweils eine bestimmte Intensität und Tonhöhe kombinierten. Die Reize waren 880 Hz/80db, 1.000 Hz/72db und 1.200 Hz/64db. Jeder der drei Reize trat mit 30 % Wahrscheinlichkeit auf. In 10 % der Fälle wurde ein abweichender Reiz eingespielt. Zwei Versionen des Devianten wurden verwendet, eine Experimentalbedingung mit Neukombination bekannter Merkmale (880 Hz/64db) und ein Kontrollreiz mit neuem singulärem Merkmal (1.500 Hz/56db). Es zeigte sich eine MMN in der Experimentalbedingung. Somit wurde bestätigt, dass beim Hören Lautstärke und Frequenz kombiniert wahrgenommen und behalten werden. Da die MMN der Zuwendung der Aufmerksamkeit voraus geht, muss geschlussfolgert werden, dass die Wahrnehmung kombinierter auditiver Merkmale also keine gerichtete Aufmerksamkeit voraussetzt. So wurde die Hypothese von Treismans und Gelades Merkmalsintegrationstheorie widerlegt, dass die Integration von Merkmalen die Folge der Zuwendung der Aufmerksamkeit ist.

Diese automatische Verarbeitung von Merkmalskombinationen stimmt auch mit den Annahmen der Gestaltpsychologen überein (vgl. Kapitel 1), die von vornherein eine ganzheitliche Repräsentation von Merkmalen im Wahrnehmungsgegenstand annehmen.

Die zeitlichen Eigenschaften bei der Bildung von Gedächtnisrepräsentationen für Tonfolgen, die mit der MMN erforscht werden, sind relevant, weil sie erklären, dass wir zwar neuauftretende Reize schnell bemerken können, aber, unter bestimmten Bedingungen, eine kontinuierliche auditive Reizsequenz beim Hören zu einer Gesamtheit integrieren, wie das z. B. der Fall ist, wenn wir eine Melodie hören. Diese Fähigkeit beruht darauf, dass in Intervallen von ca. 200 ms auditive Einheiten gebildet werden, die jedoch die vorangegangenen Einheiten nicht löschen, sondern sukzessive ersetzen.

📖 Vertiefungsempfehlung

Schröger, E., Kaernbach, C., & Schönwiesner, M. (2008). Kapitel ‚Auditive Wahrnehmung und multisensorische Verarbeitung', in: Müsseler, J. (Hrsg.). *Allgemeine Psychologie.* Berlin: Spektrum Verlag.

10 Multimodale Wahrnehmung

In den vorangegangenen Kapiteln haben wir die Wahrnehmung einzelner Modalitäten erörtert. Die Gegenstände der Wahrnehmung erscheinen in der Regel aber über die Modalitäten integriert. Wir sehen und hören z. B. einen Menschen sprechen oder einen Vogel singen. Wie ist der integrierte Wahrnehmungseindruck möglich, wenn Reize unterschiedlicher Modalitäten unabhängig voneinander verarbeitet werden? Eine theoretische Schwierigkeit besteht darin, dass z. B. einzelne empfundene Merkmale, wie Farben, nur mit dem Sehsinn, andere, wie Temperaturen, nur mit dem Tastsinn empfunden werden können. Es ist unklar, wie diese Empfindungen aus unterschiedlichen Modalitäten integriert und als zu einem Ereignis oder Objekt gehörig wahrgenommen werden können. Das entsprechende Problem bezeichnet man als „Binding-Problem" (von engl. „binding": deutsch „zusammenfügen").

Auf der Ebene psychischer Verarbeitung kommen für eine Integration der Empfindungen über Modalitäten vor allem inter-modal vereinbare (kommensurable) Merkmale in Frage. Das sind Merkmale, die in mehreren Modalitäten repräsentiert werden und es deshalb erlauben, einzelne Empfindungen anhand übereinstimmender Merkmale zueinander in Beziehung zu setzen. Zu den kommensurablen Merkmalen gehört die Positionsinformation. Übereinstimmende Positionsinformation eines auditiven Reizes und eines visuellen Reizes erlaubt es z. B. beide als vom selben Reiz stammend wahrzunehmen. So wie im Fall des gesehenen und gehörten Vogelgesanges. Positionsinformation erlaubt außerdem eine Integration von Handlung und Wahrnehmung. Da Wahrnehmung ein aktiver Prozess ist, in dem Handlungen für die erfolgreiche Wahrnehmung maßgeblich sind (vgl. Kapitel 7) und sich die Leistung der Wahrnehmung im erfolgreichen Handlungsvollzug bewähren muss (vgl. Kapitel 1), kommt der Positionsinformation bei der multimodalen Integration eine herausragende Rolle zu.

Orientierung. Bislang haben wir das Ohr nur als Hörorgan betrachtet. Das menschliche Ohr verfügt aber über ein weiteres peripheres Sinnesorgan, das des Gleichgewichtssinnes. Im Innenohr nehmen Repräsentationen der körpereigenen Raumlage ihren Ausgang. Diese Repräsentationen sind offensichtlich besonders eng mit erfolgreichem Handeln verknüpft. Durch die Verschaltung des Gleichgewichtssinnes mit den Augenmuskeln wird über den sogenannten vestibulo-okularen Reflex z. B. eine stabile Blickrichtung trotz des sich bewegenden Kopfes ermöglicht, indem der Eigenbewegungsanteil des Kopfes aus dem Augensteuerungssignal subtrahiert wird.

Tasten. Eine weitere räumlich basierte multimodale Form der Wahrnehmung erlaubt das Tasten. Der Tastsinn liefert räumliche Information, die während der Eigenbewegungen der Hand über verschiedene Orte integriert wird und zur Wahrnehmung von Formen führt. Drucksensible Rezeptoren in der Haut vermitteln diesen räumlichen Formeindruck über Druckmuster. Aber natürlich erlaubt auch das Tasten spezifische Empfindungen, die so durch keine andere Modalität empfunden werden können. Neben der Festigkeit (hart-weich) sind das die Textur (rau-glatt), die Anmutungswärme (warm-kalt) und die Haftung (glatt-haftend). Der Tastsinn erlaubt auch die Berührungsempfindung: Dabei vermitteln einige drucksensible Rezeptoren punktuelle Kontakte mit Objekten, andere, langsam adaptierende, informieren über länger andauernde Berührungen: Ein Beispiel für die letztgenannte Gruppe sind die Druckempfindungen, die Sie bemerken, wenn Sie bewusst erspüren, mit welchen Körperteilen Sie momentan sitzen (oder stehen) und dabei Flächen berühren.

Riechen und Schmecken. Das vielleicht eindrucksvollste Beispiel für intermodale Wahrnehmung liefert die Integration von Riechen und Schmecken. Der Einfluss des Geruchs auf das Schmecken ist so massiv, dass die Mehrheit der unterscheidbaren Geschmacksempfindungen ohne Geruch überhaupt nicht empfunden werden kann.

Der Geruchssinn erlaubt es, bestimmte Moleküle in der Umgebungsluft wahrzunehmen. Im Allgemeinen sind die distalen Reize nahe, wie Nahrung oder Mitmenschen. Aber bei entsprechender Wetterlage kann Geruch, z. B. von Waldbränden oder Seegeruch, über große Distanzen wahrgenommen werden. Um gerochen zu werden, müssen flüchtige chemische Substanzen in die Nase, das periphere olfaktorische Sinnesorgan, gelangen. Dort werden die Moleküle im Riechepithel in neuronale Signale übersetzt und direkt in den Cortex, den Bulbus olfactorius, projiziert. Mit Hilfe dieser Projektion werden Gerüche (auf Basis vorheriger Erfahrung) identifiziert und (teilweise auch ohne Erfahrung) bewertet. Geruchsempfindungen haben nämlich eine starke und unmittelbare Verbindung zum emotionalen Verarbeitungssystem und werden schnell und häufig als angenehm oder unangenehm klassifiziert.

Interessanterweise erlaubt der Geruch auch eine grobe Bestimmung der genetischen Ähnlichkeit von Menschen. Dieser Zusammenhang wurde von Wedekind und Kollegen (1995) in einer vielbeachteten Studie untersucht. Sie ließen ihre weiblichen Versuchspersonen T-Shirts, die mehrere Tage getragen worden waren, riechen und bewerten. Die Probandinnen bevorzugten diejenigen Gerüche, die von Personen stammten, die eine genetische Struktur hatten, die ihrer eigenen besonders unähnlich war. Die geruchsbasierte Bewertung potentieller Partner könnte daher das Resultat einer evolutionären Anpassung sein, denn die Kombination möglichst unterschiedlicher Genotypen der Eltern wird generell als Vorteil für die Gesundheit und das Überleben der Nachkommen erachtet.

Eine wesentliche Funktion erfüllt der Geruchssinn für die Geschmacksempfindungen. Schmecken und Riechen hängen eng zusammen und tragen dazu bei, das Aufnehmen schädlicher Nahrung zu vermeiden. Fast nichts wird so schnell gelernt wie Geschmacksvermeidung durch Übelkeit erregende Substanzen. Die Geruchs- und Geschmacksempfindungen sind aber auch die Quellen kulinarischen Genusses. Der Geschmackssinn, auch *gustatorische* Wahrnehmung genannt, ist ebenfalls ein Nahsinn. Er registriert Merkmale der dem Körper zugeführten Nahrungsmittel im Mund. Seine Empfindungen, die durch unterschiedliche chemische Stoffe von Nahrung erzeugt werden, kategorisieren sich in süß, sauer, salzig, umami (fleischlich-herzhaft) und bitter. Gerade für die Geschmacksrichtung „bitter" liegen Belege für starke interindividuelle Unterschiede vor: Einige Bitterstoffe werden von manchen Personen gar nicht geschmeckt. Dies hängt vermutlich einerseits mit der Dichte an Geschmacksknospen auf der Zunge, aber auch mit genetischen Unterschieden hinsichtlich der Sensibilität der Geschmacksknospen zusammen (siehe Goldstein, 2007, Kapitel 15).

Die Integration von Geschmack und Geruch beruht auf Positionsinformation und Tätigkeiten: Durch die Bewegungen von Zunge, Kiefer und Rachen bei der Nahrungsaufnahme werden Moleküle aus dem Mund- in den Nasenraum gepumpt. Die Aktivierung der Riechzellen wird als Geschmack empfunden, wenn die Berührungsempfindungen im Mund während der Essbewegungen eine Attribution der Empfindung auf das Nahrungsmittel im Mund als Ursache nahelegen (Bartoshuk & Beauchamp, 1994). Die zentralnervöse Grundlage der integrierten Empfindung von Geschmack und Geruch sind bi-modale Neurone im **Orbito-Frontalcortex.** Bi-modale Neurone in diesem Gehirnbereich erhalten Aktivierung von beiden Sinnen und führen somit zu einer integrierten Schmeck-Riech-Reaktion (Goldstein, 2007). Die Aktivierungen in dieser

Hirnstruktur korrelieren mit dem Verzehr und der Bewertung von Nahrungs-
mitteln: Solange etwas gegessen und je stärker es genossen wird, umso stärker feuern die aktivierten Areale (Rolls, 2005). Weil im Orbito-Frontalcortex
Aktivierungen von primären olfaktorischen und gustatorischen (aber auch
visuellen und gustatorischen) peripheren Sinneszellen zusammengeführt
werden, wird dieses Cortexgebiet auch als sekundäre Geschmacksstruktur
bezeichnet. Arbeiten, wie die von Rolls und seinen Kollegen zeigen, dass multimodale Wahrnehmung auf zentralnervöser Konvergenz neuronaler Aktivität
aus unterschiedlichen peripheren Sinnesorganen beruhen könnte. Es gibt viele
verschiedene multimodale ZNS-Areale, in denen ganz unterschiedliche Modalitäten konvergieren.

Interferenz zwischen Modalitäten. Bislang haben wir Beispiele psychischer
Verarbeitung besprochen, in denen die inter-modale Integration die Wahrnehmung erleichterte, verbesserte oder überhaupt erst ermöglichte. Aber die Integration von Sinnesdaten kann auch Nachteile mit sich bringen. Ein Beispiel ist
der **McGurk-Effekt**.

Der Effekt bezeichnet eine Illusion, also einen Wahrnehmungsfehler, bei
dem dasselbe akustische Signal in Abhängigkeit vom visuellen Kontext unterschiedlich wahrgenommen wird. Im Experiment (McGurk & McDonald, 1976)
hört die Versuchsperson eine Tonaufnahme, etwa die gesprochene Silbenfolge
„Ga-Ga". Wird die Silbenfolge mit einem Film synchronisiert, in dem der Sprecher eine Lippenbewegung zum Aussprechen des Wortes „Ba-Ba" ausführt,
geben viele Versuchsteilnehmer an, die Silben „Da-Da" zu hören. Die Versuchspersonen verbinden also das Gehörte und das Gesehene zu einem neuen dritten Wahrnehmungsgegenstand, der weder dem visuellen noch dem auditiven
Sinnesdatum entspricht. Wurden Film oder Ton hingegen alleine vorgeführt,
waren die Versuchspersonen sehr akkurat in der Einschätzung, hörten also
„Ga-Ga" oder sahen das Aussprechen von „Ba-Ba". Nach der Motortheorie des
Sprachverstehens sind phonetisch-akustische und visuell-motorische Einflüsse
beim subvokalen (Nach-)Sprechen für den McGurk-Effekt verantwortlich (Liberman & Mattingly, 1985). Es ist anzumerken, dass der McGurk-Effekt unter
den inter-modalen Effekten allerdings insofern eine Ausnahme darstellt, als
die meisten inter-modalen Wahrnehmungseffekte nicht gleichstark durch zwei
(oder mehr) beteiligte Sinne beeinflusst werden. Meistens dominiert zumindest
einer der Sinne. Man spricht dann von **modaler Dominanz**.

Adaptivität inter-modaler Verarbeitung? Die vorgenannten Beispiele sind
vermutlich alle Ausdruck adaptiver Mechanismen der Artanpassung im Zuge
der Artentwicklung. Das gilt selbst für Fälle von Interferenz zwischen den Sinnen, wenn diese, wie beim McGurk-Effekt, in der Mehrzahl der ökologischen

Situationen einen Vorteil bietet (im Falle des McGurk-Effektes, weil auditive und visuelle Muster in der Regel zu einander passen, wenn sie koinzidieren).

Eine interessante Ausnahme von dieser Regel stellt die Synästhesie dar. Bei der **Synästhesie** ruft ein Sinnesreiz in einer Modalität, etwa der visuellen, zuverlässig eine Empfindung in einer anderen Modalität, etwa der auditiven, hervor (Cytowic, 2002). Daher der Name: Synästhesie bedeutet „Mitempfinden". Relativ häufig ist z. B. die visuelle Farbwahrnehmung als Konsequenz eines gehörten Sprachreizes, z. B. eines Zahlwortes. Synästhesie gibt es nicht nur zwischen, sondern auch innerhalb von Modalitäten. In der individuellen Entwicklung besitzt die Synästhesie einen charakteristischen frühen Beginn und ist durch eine zeitlich stabile Beziehung zwischen distalem Reiz und Empfindung gekennzeichnet. D. h. das gehörte Wort, z. B. „Acht", ruft stets denselben synästhetischen (Farb-)Eindruck hervor, z. B. einen Grüneindruck.

Es ist nicht offensichtlich, welchen adaptiven Nutzen Synästhesie bietet. Einige Synästhetiker zeichnen sich zwar durch ein gutes Gedächtnis aus. Aber die bessere Gedächtnisleistung kann durch die größere Zahl an abrufbaren Merkmalen erklärt werden, die durch die multi-modale Repräsentation der Reize entsteht. So könnte es hilfreich sein, sich eine Telefonnummer nicht nur als Ziffernfolge merken zu können, sondern außerdem als Folge von Farben. Es stellt sich außerdem die Frage, warum dann nicht alle Menschen Synästhetiker sind. Schließlich ist Synästhesie nicht immer ein Vorteil. In einzelnen Fällen leiden Synästhetiker an ihrer Synästhesie, etwa wenn visuelle Reize Schmerzen auslösen.

Wenden wir uns zum Abschluss noch einmal der schon vielzitierten Szene aus Abbildung 8.1 zu. Unser Buch hat aufgezeigt, welche Merkmale der uns umgebenden Umwelt über die Sinne erschlossen werden können. Es wurde gezeigt, dass an der Wahrnehmung entscheidende Auswahlprozesse beteiligt sind und sich die Wahrnehmung somit über Aufmerksamkeit von Moment zu Moment bestimmten Aspekten, Merkmalen, Objekten und Ereignissen zuwendet. Die Psychologie der Aufmerksamkeit versucht zu erklären, warum dies so ist und welche Aspekte der Umwelt und der Person die Aufmerksamkeit steuern. Die Psychologie der Wahrnehmung erklärt, was mit dem beachteten Ereignis im jeweiligen Sinn passiert, wie wir die Dinge wahrnehmen – also repräsentieren und empfinden.

📖 Vertiefungsempfehlung

Goldstein, E. B. (2007). *Sensation and Perception*. Belmont, CA: Wadsworth. Darin besonders Kapitel 15.

Literatur

Allport, A. (1987). Selection for action: Some behavioral and neurophysiological considerations of attention and action. In H. Heuer & A. F. Sanders (Eds.), *Perspectives on perception and action* (pp. 395–419). Hillsdale, NJ: Erlbaum.

Allport, D. A., Antonis, B., & Reynolds, P. (1972). On the division of attention: A disproof of the single channel hypothesis. *Quarterly Journal of Experimental Psychology*, A24, 225–235.

Baddeley, A. D. (2000). The episodic buffer: A new component of working memory? *Trends in Cognitive Sciences*, 4, 417–423.

Baddeley, A. D., & Hitch, G. J. (1974). Working memory. In G. Bower (Ed.), *The psychology of learning and motivation, Volume 8* (pp. 47–89). New York: Academic Press.

Bartoshuk, L. M., & Beauchamp, G. K. (1994). Chemical senses. *Annual Review of Psychology*, 45, 419–449.

Biederman, I. (1972). Perceiving real-world scenes. *Science*, 177, 77–80.

Biederman, I. (1987). Recognition-by-components: A theory of human image understanding. *Psychological Review*, 94, 115–147.

Biederman, I., & Bar, M. (1999). One-shot viewpoint invariance in matching novel objects. *Vision Research*, 39, 2885–2899.

Biederman, I., & Ju, G. (1988). Surface versus edge-based determinants of visual recognition. *Cognitive Psychology*, 20, 38–64.

Breitmeyer, B. G., & Ogmen, H. (2006). *Visual masking: Time slices through conscious and unconscious vision*. Oxford, UK: Oxford University Press.

Brentano, F. (1874). *Psychologie vom empirischen Standpunkt*. Leipzig: Duncker & Humblot.

Broadbent, D. E. (1958). *Perception and communication*. Oxford, UK: Pergamon Press.

Conrad, R., & Hull, A. J. (1964). Information, acoustic confusion, and memory span. *British Journal of Psychology*, 55, 429–432.

Conway, B. R. (2001). Spatial structure of cone inputs to color cells in alert macaque primary visual cortex (V-1). *Journal of Neuroscience*, 21, 2768–2783.

Cytowic, R. (2002). *Synesthesia – a union of the senses (2nd edition)*. Cambridge, MA: MIT Press.

De Valois, R. L., De Valois, K. K., & Mahon, L. (2000). Contribution of S opponent cells to color appearance. *Proceedings of the National Academy of Sciences*, 97, 512–517.

Dacey, D. M., Liao, H. W., Peterson, B. B., Robinson, F. R., Smith, V. C., Pokorny, J., & Gamlin, P. D. (2005). Melanopsin-expressing ganglion cells in primate retina signal colour and irradiance and project to the LGN. *Nature*, 433, 749–754.

Derrington, A. M., Krauskopf, J., & Lennie, P. (1984). Chromatic mechanisms in lateral geniculate nucleus of macaque. *The Journal of Neurophysiology*, 357, 241–265.

Desimone, R., Albright, T. D., Gross, C. G., & Bruce, G. (1984). Stimulus-selective properites of inferior temporal neurons in the macaque. *The Journal of Neuroscience*, 4, 2051–2064.

Desimone, R., & Duncan, J. (1995). Neural mechanisms of selective visual attention. *Annual Review of Neuroscience*, 18, 193–222.

Diamond, R., & Carey, S. (1986). Why faces are and are not special: An effect of expertise. *Journal of Experimental Psychology: General*, 115, 107–117.

Donders, F. C. (1868). Die Schnelligkeit psychischer Prozesse. *Reichert's und du Bois-Reymond's Archiv für Anatomie und Physiologie und wissenschaftliche Medicin*, 657–681.

Duncan, J., & Humphreys, G. W. (1989). Visual search and stimulus similarity. *Psychological Review*, 96, 433–458.

Eastwood, J. D., Smilek, D., & Merikle, P. M. (2001). Differential attentional guidance by unattended faces expressing positive and negative emotion. *Perception & Psychophysics*, 63, 1004–1013.

Enns, J. T., & Rensink, R. A. (1990). Influence of scene-based properties on visual search. *Science*, 247, 721–723.

Farah, M. I., Tanaka, J. N., & Drain, M. (1995). What causes the face inversion effect. *Journal of Experimental Psychology: Human Perception and Performance*, 21, 628–634.

Fechner (1860). *Elemente der Psychophysik*. Leipzig: Breitkopf und Härtel.

Fecteau, J. H., Bell, A. H., & Munoz, D. P. (2004). Neural correlates of the automatic and goal-driven biases in orienting spatial attention. *Journal of Neurophysiology*, 92, 1728–1737.

Finkbeiner, M., & Palermo, R. (2009). The role of spatial attention in nonconscious processing: A comparison of face and non-face stimuli. *Psychological Science*, 20, 42–51.

Fodor, J. A. (1983). *The modularity of mind: An essay on faculty psychology*. Cambridge, MA: MIT Press.

Franz, V. H., & Gegenfurtner, K. R. (2008). Grasping visual illusions: Consistent data and no dissociation. *Cognitive Neuropsychology*, 25, 920–950.

Gibson, J. J. (1966). *The senses considered as perceptual systems*. Boston, MA: Houghton Mifflin.

Goldstein, E. B. (2007). *Sensation and Perception*. Belmont, CA: Wadsworth.

Gomes, H., Bernstein, R., Ritter, W., Vaughan, H. G. Jr., & Miller, J. (1997). Storage of feature conjunctions in transient auditory memory. *Psychophysiology*, 34, 712–716.

Green, D. M., & Swets, J. A. (1966). *Signal detection theory and psychophysics*. New York, NY: Wiley.

Haynes, J. D., Deichmann, R., & Rees, G. (2005). Eye-specific effects of binocular rivalry in the human lateral geniculate nucleus. *Nature*, 438, 496–499.

Heider, F. (1921/1959). Thing and medium. In G. S. Klein (Ed.), *Psychological Issues, Vol. 1: On Perception and Event Structure and the Psychological Environment, Selected Papers by Fritz Heider* (pp. 1–34). New York, NY: International Universities Press.

Helmholtz, H. v. (1867). *Handbuch der physiologischen Optik*. Leipzig: Leopold Voss.

Hoffmann, J. (1993). *Vorhersage und Erkenntnis*. Göttingen: Hogrefe.

Hubel, T. H., & Wiesel, D. N. (1959). Receptive fields of single neurons in the cat's striate cortex. *Journal of Neurophysiology*, 148, 574–591.

Itti, L., Koch, C., & Niebur, E. (1998). A model of saliency-based visual attention for rapid scene analysis. *IEEE Transactions on Pattern Analysis and Machine Intelligence*, 20, 1254–1259.

James, W. (1890). *The Principles of Psychology*. New York: Holt.

Jonides, J. (1981). Voluntary versus automatic control over the mind's eye's movement. In J. B. Long & A. D. Baddeley (Eds.), *Attention and Performance, IX* (pp. 187–203). Hillsdale, NJ: Erlbaum.

Kaplan, E., & Shapley, R. M. (1986). The primate retina contains two types of ganglion cells, with low and high contrast sensitivity. *Proceedings of the National Academy of Sciences*, 83, 2755–2757.

Kleffner, D. A., & Ramachandran, V. S. (1992). On the perception of shape from shading. *Perception & Psychophysics*, 52, 18–36.

Lamme, V. A. F., & Roelfsema, P. R. (2000). The distinct modes of vision offered by feedforward and recurrent processing. *Trends in Neurosciences*, 23, 571–579.

Leder, H., & Bruce, V. (2000). When inverted faces are recognized: The role of configural information in face recognition. *Quarterly Journal of Experimental Psychology*, 53A, 513–536.

Liberman, A. M., & Mattingly, I. G. (1985). The motor theory of speech perception revised. *Cognition*, 21, 1–36.

Lowe, D. G. (1999). Object recognition from local scale-invariant features. *Proceedings of the International Conference on Computer Vision, 2*, 1150–1157.

Macknik, S. L., & Livingstone, M. (1998). Neuronal correlates of visibility and invisibility in the primate visual system. *Nature Neuroscience, 1*, 144–149.

Marr, D. (1982). *Vision*. San Francisco, CA: Freeman.

Martinez-Conde S., Macknik S. L., & Hubel, D. H. (2004). The role of fixational eye movements in visual perception. *Nature Reviews Neuroscience, 5*, 229–240.

Massaro, D. W. (1970). Perceptual processes and forgetting in memory tasks. *Psychological Review, 77*, 557–567.

Matin, E. (1974). Saccadic suppression – review and an analysis. *Psychological Bulletin, 81*, 899–917.

McGurk, H., & MacDonald, J. (1976). Hearing Lips and seeing voices. *Nature, 246*, 746–748.

McKone, E., & Yovel, G. (2009). Why does picture-plane inversion sometimes dissociate perception of features and spacing in faces, and sometimes not? Toward a new theory of holistic processing. *Psychonomic Bulletin & Review, 16*, 778–797.

Miller, G. A. (1956). The magical number seven, plus or minus two: Some limits on our capacity for processing information. *Psychological Review, 63*, 81–97.

Milner, A. D., & Goodale, M. A. (2006). *The Visual Brain in Action, Second Edition*. Oxford, UK: Oxford University Press.

Motter, B. C., & Simoni, D. A. (2007). The roles of cortical image separation and size in active visual search performance. *Journal of Vision, 7*, 1–5.

Müller, H. J., & Rabbitt, P. M. A. (1989). Reflexive and voluntary orienting of visual attention: Time course of activation and resistance to interruption. *Journal of Experimental Psychology: Human Perception and Performance, 15*, 315–330.

Näätänen, R., Paavilainen, P., Rinne, T., & Alho, K. (2007). The mismatch negativity (MMN) in basic research of central auditory processing: A review. *Clinical Neurophysiology, 118*, 2544–2590.

Nairne, J. S. (2003). Sensory and working memory. In A. F. Healy & R. W. Proctor (Eds.), *Comprehensive Handbook of Psychology, Volume 4: Experimental Psychology* (pp. 423–444). New York: Wiley.

Nakayama, K., & Mackeben, M. (1989). Sustained and transient components of focal visual attention. *Vision Research, 29*, 1631–1647.

Neumann, O. (1991). *Konzepte der Aufmerksamkeit* (Unveröffentlichte Habilitationsschrift). Ludwig-Maximilians-Universität, München.

Neumann, O., & Klotz, W. (1994). Motor responses to nonreportable, masked stimuli: Where is the limit of direct parameter specification? In C. Umiltà & M. Moscovitch (Eds.), *Attention and Performance, XV: Conscious and Nonconscious Information Processing* (pp. 123–150). Cambridge, MA: MIT Press.

Oberauer, K. (2002). Access to information in working memory: Exploring the focus of attention. *Journal of Experimental Psychology: Learning, Memory, and Cognition, 28*, 411–421.

O'Connor, D. H., Fukui, M. M., Pinsk, M. A., & Kastner, S. (2002). Attention modulates responses in the human lateral geniculate nucleus. *Nature Neuroscience, 11*, 1203–1209.

Oliva, A., & Torralba, A. (2001). Modeling the shape of the scene: A holistic representation of the spatial envelope. *International Journal of Computer Vision, 42*, 145–175.

O'Regan, J. K., & Noe, A. (2001). A sensorimotor account of vision and visual consciousness. *Behavioral and Brain Sciences, 24*, 939–1031.

Palmer, S. E. (1975) The effects of contextual scenes on the identification of objects. *Memory & Cognition, 3*, 519–26.

Posner, M. I. (1980). Orienting of attention. *Quarterly Journal of Experimental Psychology, 32*, 3–25.

Posner, M. I., & Snyder, C. R. R. (1975). Attention and cognitive control. In R. L. Solso (Ed.), *Information processing and cognition* (pp. 55–85). Hillsdale, NJ: Erlbaum.

Potter, M. C. (1976). Short-term conceptual memory for pictures. *Journal of Experimental Psychology: Human Learning & Memory, 2,* 509–22.

Price, C. J., & Humphreys, G. W. (1989). The effects of surface detail on object categorization and naming. *Quarterly Journal of Experimental Psychology, 41*A, 797–827.

Reason, J. (1992). *Human error*. Cambridge, MA: Cambridge University Press.

Riggs, L. A., Ratliff, F., Cornsweet, J. C., & Cornsweet, T. N. (1953). The disappearance of steadily fixated visual test objects. *Journal of the Optical Society of America, 43,* 495–501.

Rizzolatti, G., Riggio, L., & Sheliga, B. M. (1994). Space and selective attention. In C. Umiltà & M. Moscovitch (Eds.), *Attention and Performance, XV: Conscious and Nonconscious Information Processing* (pp. 231–265). Cambridge, MA: MIT Press.

Rolls, E. T. (2005). Taste and related systems in primates including humans. *Chemical Senses, 30,* 76–77.

Rosburg, T. (2004). Effects of tone repetition on auditory evoked neuromagnetic fields. *Clinical Neurophysiology, 115,* 898–905.

Rosch, E., Mervis, C. B., Gray, W. D., Johnson, D. M., & Boyes-Braem, P. (1976). Basic objects in natural categories. *Cognitive Psychology, 8,* 382–439.

Schiller, P. H., & Malpelli, J. G. (1977). Properties of tectal projections of monkey retinal ganglion cells. *Journal of Neurophysiology, 40,* 428–445.

Sherman, S. M., & Guillery, R. W. (2002). The role of the thalamus in the flow of information to the cortex. *Philosophical Transactions of the Royal Society of London,* B, *357,* 1695–1708.

Shiffrin, R. M., & Schneider, W. (1977). Controlled and automatic human information processing: II. Perceptual learning, automatic attending, and a general theory. *Psychological Review, 84,* 127–190.

Sincich, L. C., Park, K. F., Wohlgemuth, M. J., & Horton, J. C. (2004). Bypassing V1: a direct geniculate input to area MT. *Nature Neuroscience, 7,* 1123–1128.

Sonnby-Borgstrom, M. (2002). Automatic mimicry reactions as related to differences in emotional empathy. *Scandinavian Journal of Psychology, 43,* 433–443.

Stroop, J. R. (1935). Studies of interference in serial verbal reactions. *Journal of Experimental Psychology, 18,* 643–662.

Tanaka, J. W., & Farah, M. J. (1993). Parts and wholes in face recognition. *Quarterly Journal of Experimental Psychology, 46*A, 225–245.

Tarr, M. J., & Bülthoff, H. H. (1995). Is human object recognition better described by geon-structural-descriptions or by multiple-views? *Journal of Experimental Psychology: Human Perception and Performance, 21,* 1494–1505.

Treisman, A. M., & Gelade, G. (1980). A feature-integration theory of attention. *Cognitive Psychology, 12,* 97–136.

Ungerleider, L. G., & Mishkin, M. (1982). Two cortical visual systems. In D. J. Ingle, M. A. Goodale & R. J. W. Mansfield (Eds.), *Analysis of visual behavior* (pp. 549–587). Cambridge, MA: MIT Press.

Vuilleumier, P., Armony, J. L., Driver, J., & Dolan, R. J. (2003). Distinct spatial frequency sensitivities for processing faces and emotional expressions. *Nature Neuroscience, 6,* 624–631.

Walther, D., & Koch, C. (2006). Modeling attention to salient proto-objects. *Neural Networks, 19,* 1395–1407.

Warren, R. M., & Warren, R. P. (1970). Auditory illusions and confusions. *Scientific American, 223,* 30–36.

Weaver, W., & Shannon, C. E. (1963). *The mathematical theory of communication.* Urbana, IL: University of Illinois Press.

Wedekind, C., Seebeck, T., Bettens, F., & Paepke, A. J. (1995). MHC-dependent mate preference in humans. *Proceedings of the Royal Society of London – Series B: Biological Sciences, 1395*, 245–249.

Weiskrantz, L., Warrington, E. K., Sanders, M. D., & Marshall, J. (1974). Visual capacity in the hemianopic field following a restricted occipital ablation. *Brain, 97*, 709–728.

Wertheimer, M. (1923). Untersuchungen zur Lehre von der Gestalt. II. *Psychologische Forschung, 4*, 301–350.

Welford, A. T. (1952). The ‚psychological refractory period' and the timing of high-speed performance – A review and a theory. *British Journal of Psychology, 43*, 2–19.

Wiesel, T. N., & Hubel, D. H. (1966). Spatial and chromatic interactions in lateral geniculate body of rhesus monkey. *Journal of Neurophysiology, 29*, 1115–1156.

Winkler, I., Reinikannen, K., & Näätänen, R. (1993). Event-related brain potentials reflect traces of echoic memory in humans. *Perception & Psychophysics, 53*, 443–449.

Wolfe, J. M., & Horowitz, T. S. (2004). What attributes guide the deployment of visual attention and how do they do it? *Nature Reviews Neuroscience, 5*, 1–7.

Wundt, W. (1896). *Grundriß der Psychologie.* Leipzig: Engelmann.

Wurtz, R. H., & Albano, J. E. (1980). Visual-motor function of the primate superior colliculus. *Annual Review of Neuroscience, 3*, 189–226.

Yantis, S., & Jonides, J. (1984). Abrupt visual onsets and selective attention: Evidence from visual search. *Journal of Experimental Psychology: Human Perception and Performance, 10*, 601–621.

Yantis, S., & Jonides, J. (1990). Abrupt visual onsets and selective attention: Voluntary versus automatic allocation. *Journal of Experimental Psychology: Human Perception and Performance, 16*, 121–134.

Yin, R. K. (1969). Looking at upside-down faces. *Journal of Experimental Psychology, 81*, 141–145.

Glossar

Absolutschwelle – Für die Reizentdeckung notwendige minimale Reizstärke.

Adaption – Schwellenerhöhung durch vorausgehende Reizung.

Afferenzen – Aufschaltungen („Zuleitungen") von anderen Neuronen oder Hirnstrukturen.

Ähnlichkeitstheorie – Theorie der Erklärung visueller Suche durch die Ähnlichkeit von gesuchten und irrelevanten Gegenständen.

Akkomodation – Veränderung der Brechkraft der Linse zur Tiefenanpassung des Sehens.

Apperzeptionstheorie – Erachtet Wahrnehmung als Ergebnis des Wirkens der Aufmerksamkeit auf einfache Empfindungen.

Arbeitsgedächtnis – Multikomponentenmodell des Gedächtnisses, ähnlich einem Kurzzeitgedächtnis.

Attribution – Ursachenzuschreibung.

Auditive Modalität – Hörsinn.

automatische Verarbeitung – Ressourcen- oder kapazitätsfreie psychische Verarbeitung; diese schnelle Verarbeitung erfordert nach klassischer Definition keine Überwachung und kein Bewusstsein und ist angeboren oder überlernt.

AV – Abk. für abhängige Variable; Variable zur Ermittlung der Wirkung experimenteller Manipulationen (z. B. Reaktionszeit).

Axon – efferente (fortleitende) neuronale Faser.

Basiskategorie – Klassifikationsebene, die bei der Objekterkennung bevorzugt wird.

Bayes-Theorem – Verfahren zur Berechnung von A-Posteriori- aus A-Priori-Wahrscheinlichkeiten: $P_{A|B} = P_{B|A} \times P_A / P_B$; geeignet zur Berechnung von Merkmalskombinationen in der Psychophysik.

Bewegungsfeld – Entsprechung eines rezeptiven Feldes in Motorneuronen.

Bewusstseinspsychologie – Schule der Psychologie des späten 19. und frühen 20. Jahrhunderts, die Psychologie als Lehre der unmittelbaren Erfahrungen (Bewusstsein) definiert.

Blindsehen – engl. „blindsight"; verbleibende visuelle Diskriminationsfähigkeiten bei Blindheit nach Schädigung von V1.

Bloch'sches Gesetz – Vorhersage der Helligkeitsempfindung als Produkt aus Zeit und Leuchtdichte unter ca. 60 ms Reizdauer.

BOLD-Antwort – Abk. für engl. „blood oxygen level-dependent"; quantifiziert den Sauerstoffverbrauch in Gehirnarealen (AV des fMRT).

bottom-up – Vom Reiz ausgelöste Verarbeitung; Gegenteil von „top-down".

Center-Surround-Verschaltung – Prinzip nach dem Rezeptoren verschalten, so dass Zentrum und Peripherie des RF anders reagieren.

Chiasma opticum – Kreuzung der visuellen Sehbahn von der Retina zum ZNS.

Cochlea – Schneckenspindel: Hör- und Gleichgewichtsorgan im Innenohr.

Cocktail-Party-Effekt – Aufmerksamkeitseffekt, bei dem irrelevante akustische Ereignisse („Gespräch am Nachbartisch") unterdrückt werden.

CRT – Choice Reaction Task; Wahlreaktionsaufgabe.

Datenbeschränktheit – Einschränkung der geistigen Verarbeitung durch geringe Signal- oder Datenqualität.

Dendriten – Afferenter (empfangender) Teil der neuronalen Fasern.

Detektionsaufgabe – Entdeckungsaufgabe: Probanden müssen entdecken (und berichten), ob ein Reiz gezeigt wurde.

Diencephalon – Zwischenhirn (umfasst Thalamus und Hypothalamus).

Echospeicher – Akustisches Gedächtnis sehr kurzer Dauer.

EEG – Abk. für Elektroenzephalographie; nicht-invasives Verfahren zur Messung von Hirnstrom.

Efferenzen – Aufschaltungen („Fortleitungen") auf andere Neuronen oder Hirnstrukturen.

einfache kortikale Zellen – Kantenorientierungsempfindliche monokulare (nur für ein Auge sensible) Zellen in V1.

EKP – Ereigniskorreliertes Potential; mittlere EEG-Aktivität in Abhängigkeit eines Ereignisses, abgetragen über die Zeit.

Empfindungen – Hier: Die subjektiven, privaten oder phänomenalen Erscheinungen des Wahrnehmungseindrucks.

Experiment – Methode der Empirie mit hoher Kontrolle der AV; erlaubt den Ausschluss von Störvariablen und (partielle) Prüfung von Kausalprozessen.

exterozeptive Sinne – Sinne zur Wahrnehmung körperexterner Gegenstände.

Farbkonstanz – Gleichbleibende Farbempfindung für Objektfarben trotz wechselnder Lichtfarbe.

Fixation – Moment, da das Auge fokussiert ist und still steht.

fMRT – Abk. für funktionelle Magnetresonanztomographie; nicht-invasives Verfahren zur Messung von Hirnaktivität über lokale Sauerstoffkonzentration.

Fovea centralis – Bereich des schärfsten Sehens und der größten Zapfendichte auf der Retina.

Funktionalistische Wahrnehmungstheorien – Betonen den Zweck der Wahrnehmung für den Erfolg der Handlungssteuerung.

Gegenfarbtheorie – Theorie der Farbhemmung von Farben durch Gegenfarben von Carl Hering.

Geon – Geometrisches Grundelement der Objekterkennung.

Geräusch – Sammelbegriff für akustische Signale, die auf Schallverteilungen beruhen und aus unterschiedlichen Frequenzen bestehen.

Gestaltpsychologie – Psychologie-Schule des beginnenden 20. Jahrhunderts, die den Zusammenhang zwischen Elementen, Dimensionen und Reizen für Wahrnehmung, Denken und Problemlösen betonte.

Gist – Globaler „Eindruck" oder auch Quintessenz einer (visuellen) Szene.

Go/No Go-Aufgabe – Aufgabe, bei der die Probanden eine Unterscheidung treffen müssen, z. B. zwischen Farben, und die Go-Alternative durch ihre Antwort (z. B. Tastendruck) anzeigen und die No Go-Alternative durch Nicht-Antwort anzeigen.

Gustatorik – Geschmackssinn.

Haarzellen – Rezeptoren des auditiven Systems.

Haptik – Berührungsfühlsinn.

Hirnläsion – (Lokale) Schädigung oder Beeinträchtigung des Gehirns.

holistische Verarbeitung – Ganzheitliche Verarbeitung; in der Wahrnehmung: über Einzelmerkmale hinausgehende Verarbeitung.

ikonisches Gedächtnis – Bildgedächtnis von sehr kurzer Dauer.

intentionale Inexistenz – Philosophisches Konzept des Phänomenologen Franz Brentano, nach dem jeder geistig bewusste Zustand durch einen (inexistenten, nur geistigen) Gegenstand und eine geistige Bezugnahme (z. B. wahrnehmen, erinnern, vorstellen …) gekennzeichnet ist.

inhibition of return – kurz IOR; die Tendenz einen einmal angeschauten oder beachteten Ort nicht wieder anzuschauen oder zu beachten.

instationäre Zelle – Retinaler Ganglienzelltyp mit hoher Kontrastempfindlichkeit und geringer Antwortlatenz.

interozeptive Sinne – Sinne zur Wahrnehmung des Körperinneren.

Introspektion – Innenschau. Systematische Introspektion wurde als Methode von Bewusstseinspsychologen verwendet.

IT – Abk. für Inferotemporalcortex.

JND – Abk. für „just noticeable difference"; ebenmerklicher Unterschied (zwischen empfundenen Merkmalsausprägungen).

Kapazitätsbeschränktheit – Einschränkung der geistigen Verarbeitung durch Grenzen der geistigen Kapazität.

Kapazitätstheorie – Aufmerksamkeit entspricht der Zuweisung von geistigen Ressourcen. Selektivität ergibt sich aus Mangel an Ressourcen.

Kinästhetik – Körperbewegungssinn.

Klang – Schallsignal einer bestimmten Tonhöhe und Tonfarbe.

kollinear – Auf einer Geraden liegend.

komplexe kortikale Zellen – orientierungsempfindliche binokulare (für beide Augen sensible) Zellen in V1, die unabhängig von der Lage der Orientierung im RF reagieren.

kontrollierte Verarbeitung – Kapazitäts- oder ressourcenbeanspruchende Form der Verarbeitung; nach der klassischen Auffassung ist sie bewusstseinspflichtig und verlangt Überwachung; typisch für ungeübte Aufgaben; Gegenteil der automatischen Verarbeitung.

Konvergenz – Ausmaß, in dem die Augen zur Nasenwurzel gedreht werden; dient der Anpassung des Sehens an den Betrachtungsabstand.

kurvilinear – Gekrümmt verlaufend.

LGN – Abkürzung für engl. „lateral geniculate nucleus"; Relaisstation der Projektion des primären visuellen Systems (von der Retina zum Cortex); Kern des Thalamus; lat. Bezeichnung „Corpus geniculatum laterale".

Maskierung, visuelle – Experimentelles Verfahren zur Minderung der Sichtbarkeit von visuellen Testreizen.

McGurk-Effekt – Integration von inkongruenter akustischer und visueller Information zu einer neuen auditiven Empfindung.

MEG – Abk. für Magnetenzephalographie; nicht-invasives Verfahren zur Messung von Hirnstrom durch die dabei entstehenden Magnetfelder.

Merkmalsintegrationstheorie – Theorie der visuellen Suche, die Merkmals- und Merkmalskombinationssuche unterscheidet.

Mismatch-Negativity (MMN) – Effekt der (auditiven) Abweichung in Tonreihen auf hirnphysiologische Messungen (EEG, fMRI).

modale Dominanz – Dominanz eines Sinneseindrucks bei simultaner Wahrnehmung in mindestens zwei Sinnesmodalitäten.

Neocortex – Stammesgeschichtlich jüngster geschichteter (laminierter) Cortex.

Neuronale Ableitung – Invasives Verfahren, bei dem durch eine Mikroelektrode ein Strom am Neuron gemessen wird.

Neuronen – Nervenzellen.

Neurotransmitter – Chemische Botenstoffe des Gehirns, mit denen der synaptische Spalt bei der Fortleitung von Aktivität zwischen Neuronen überbrückt werden kann.

Nozizeption – Schmerzsinn.

Objektagnosie – (Visuelle) Wahrnehmungsstörung für Objekte nach Gehirnschädigung.

olfaktorische Modalität – Riechsinn.

Orbito-Frontalcortex – Region des Vorderhirns, u. a. beteiligt an Entscheidungen, Riechen, Emotionen.

Pandämonium-Modell – Hierarchisches Stufenmodell der visuellen Worterkennung.

Phänomenologie – Philosophische Denktradition, die sich mit den Erscheinungen befasst.

Phonem – Kleinste bedeutungsunterscheidende lautsprachliche Einheit. „t/" ist z. B. ein Phonem, weil es bedeutungsunterscheidend wirkt, z. B. in „t/a/ss/e" vs. „a/ss/e".

phonemic restoration effect – Erwartungsbasierte Ergänzung gehörter Wörter.

photopisches Sehen – Sehen mit den Zapfen (Sehen bei Helligkeit).

Powerspektrum – Aktivierungsstärke (Quadrat der Amplitude), getrennt nach Frequenzbändern, ggf. auch nach Zeitfenstern; AV des EEG.

PPC – Posteriorparietalcortex.

Prämotortheorie der Aufmerksamkeit – Nach der Theorie dient die verdeckte Auswahl räumlicher Positionen (räumliche Aufmerksamkeit) der Steuerung von Blickbewegungen.

Projektionen – Faserverbindungen zwischen Strukturen des Gehirns.

propriozeptive Sinne – Körperraumsinne.

PRP – Abk. für engl. „psychological refractory period"; Zeitdauer zwischen zwei vergleichbaren Verarbeitungsschritten, die auf die vorübergehende Nichtverfügbarkeit einer Kapazität oder einer Ressource zurückgeht.

PSE – Abk. für engl. „point of subjective equality"; Punkt subjektiver Gleichheit (empfundener Merkmalsausprägungen).

Purkinje-Effekt – Farbhelligkeitskontrastwechsel von roten und blauen Farben beim Übergang vom photopischen zum skotopischen Sehen.

Rehearsal – Inneres Nachsprechen/Wiederholen zur Gedächtniskonsolidierung.

Rekurrenz – Rückverbindung (zwischen ZNS-Arealen oder Neuronen).

Repräsentation – Hier: Inter-subjektiv oder handlungsseitig prüfbarer Wahrnehmungsinhalt.

Retina – Netzhaut; lichtempfindliche Rückwand des Auges.

retinale Ganglienzelle – Zelle auf der Ausgabeseite der Netzhaut.

Retinotopie – Topographische Organisation der Zellen, gemäß der räumlichen Anordnung auf der Retina; besteht z. B. in LGN, SC und V1.

Retinextheorie – Der Name ist eine Fusion der Begriffe „Retina" und „Cortex". Theorie zur Erklärung der Farbkonstanz durch Subtraktion der Umgebungslichtfarbe.

RF – Abk. für rezeptives Feld; Umwelt- oder Merkmalsbereich für den ein Neuron oder Rezeptor sensibel ist.

Rhodopsin – Lichtempfindlicher Farbstoff der Zapfen.

Rückwärtsmaskierung – Löschung eines Nachbildes oder -tones durch nachfolgenden weiteren Reiz derselben Modalität.

Sakkade – Schneller Blicksprung.

Sakkadische Unterdrückung – Unterdrückung der visuellen Wahrnehmung während eines Blicksprungs.

Salienz-Modell – Modell, das Blickrichtung und Aufmerksamkeit auf der Basis von Reizmerkmalskontrasten vorhersagt.

SC – Abk. von engl. „superior colliculi"; lat. „Colliculi superiores".

Schall – Luftschwingungen, die als Geräusch, Klang, Ton oder Laut durch den Hörsinn wahrgenommen werden können.

SDT – Abk. für engl. „signal detection theory"; Signalentdeckungstheorie; Theorie/Methode der Psychophysik.

SIFT-Modell – Algorithmus zum Wiedererkennen von Bildern über Perspektiven.

Simultankontrast – Farbempfindungsverstärkung durch benachbarte Komplementärfarben; belegt die Gegenfarbtheorie.

skotopisches Sehen – Sehen mit den Stäbchen (Sehen bei Dunkelheit).

Skotom – Gesichtsfeldausfall (Ausfall des Seheindrucks von bestimmten Regionen) nach z. B. Cortexschädigung (in V1).

Somatosensorik – Körpersinn.

Stäbchen – Hoch lichtempfindliche aber niedrig auflösende Rezeptoren der Retina; Überwiegen die Zapfen auf der Retina.

stationäre Zelle – Retinaler Ganglienzelltyp mit geringer Kontrastempfindlichkeit und hoher Antwortlatenz.

Sukzessivkontrast – Komplementärfarbwahrnehmung bei Nachbildern; belegt die Gegenfarbtheorie.

Synapsen – Verbindungsstelle zwischen Neuronen; meist ein Spalt („synaptischer Spalt").

Synästhesie – Unwillkürliche gemeinsame Evokation eigentlich getrennter Sinneswahrnehmungen.

Tätigkeitstheorie der Aufmerksamkeit – Aufmerksamkeit entspricht der Auswahl von handlungsleitender Information. Selektivität ergibt sich aus der Notwendigkeit der sequentiellen Handlungssteuerung.

Telencephalon – Groß- oder Endhirn (umfasst den Cortex).

Thalamus – Teil des Zwischenhirns (umfasst u. a. den LGN).

TMS – Abk. für transkranielle Magnetstimulation; nicht-invasives Verfahren zur Induktion von lokalen hirnelektrischen Veränderungen durch Magnetfeld.

top-down – Durch Absicht oder Erfahrung ausgelöste psychische Verarbeitung; Gegenteil von „bottom-up".

Transduktion – Die Übersetzung physikalischer Energie in Nervenimpulse durch Sinneszellen.

Trommelfell – Membran am inneren Ende des Gehörgangs.

Unterschiedsschwelle – Minimal notwendiger Reizstärkeunterschied zur Empfindung eines Reizunterschiedes.

UV – Abkürzung für unabhängige Variable; bezeichnet die Größen, die im Experiment manipuliert werden (z. B. Helligkeit).

V1 – Primärer visueller Cortex; Projektionsgebiet der retino-geniculaten Verbindung.

verdeckte Verlagerung der Aufmerksamkeit – Verlagerung der Aufmerksamkeit ohne begleitende Blickbewegung.

Visuelle Modalität – Sehsinn.

Visuelle Suche – Suche nach relevantem visuellem Ziel unter visuellen Distraktoren; Aufgabe zur Untersuchung der Aufmerksamkeit.

Wahlreaktionsaufgabe – Siehe CRT.

Zapfen – Differentiell farbempfindliche Rezeptoren der Retina; Konzentration in der Fovea.

ZNS – Abkürzung für Zentralnervensystem; das ZNS umfasst die Sinnesorgane, die Nerven und das Gehirn. Es wird willkürlich vom peripheren Nervensystem abgegrenzt und dient der Wahrnehmung und Bewegungssteuerung.

Methoden

Christian Geiser

Datenanalyse mit Mplus

Eine anwendungsorientierte Einführung
2010. 291 S. mit CD-Rom. Br. EUR 34,95
ISBN 978-3-531-16393-2

Das Analyseprogramm Mplus erfreut sich
als eines der aktuellsten, flexibelsten und
anwenderfreundlichsten Statistikpro-
gramme zunehmender Beliebtheit. Pra-
xisnah, mit zahlreichen Beispielen, Probe-
datensätzen und Abbildungen führt der
Autor Schritt für Schritt in die Grundlagen
der Handhabung von Mplus ein und
beschreibt die Anwendung grundlegen-
der Analyseverfahren.

Franz Breuer

Reflexive Grounded Theory

Eine Einführung für die Forschungspraxis
Unter Mitarbeit von Barbara Dieris und
Antje Lettau
2009. 182 S. Br. EUR 19,90
ISBN 978-3-531-16919-4

Die Grounded Theory-Methodik (GTM) ist
eines der meistverwendeten Verfahren
der qualitativen Sozialforschung. In diesem Buch werden die Vorgehensschritte
der GTM in einer praxisorientierten Weise
dargestellt und die GTM in einem metho-
dologischen Rahmen neu interpretiert,
bei dem der reflexive Umgang mit der
Subjektivität des/der Forschenden zu
einer Erkenntnisquelle eigener Art ausgearbeitet wird.

Günter Mey / Katja Mruck (Hrsg.)

Handbuch
Qualitative Forschung
in der Psychologie

2010. ca. 1000 S. Geb. ca. EUR 59,90
ISBN 978-3-531-16726-8

Namhafte Experten setzen Psychologie
und Qualitative Forschung in Beziehung,
beschreiben ihre Methoden und Herange-
hensweisen und liefern so einen lücken-
losen Überblick über den Stand der qualitativen psychologischen Forschung im
deutschsprachigen Raum.

Karl-Heinz Renner / Gerhard Ströhlein /
Timo Heydasch

Forschungsmethoden
der Psychologie

Von der Fragestellung zur Präsentation
2010. ca. 120 S. (Basiswissen Psychologie)
Br. ca. EUR 12,90
ISBN 978-3-531-16729-9

Das Buch führt in verständlicher, übersichtlicher Form in die Forschungsmetho-
den der Psychologie ein. Zahlreiche Beispiele und Exkurse in die Praxis lassen
den Stoff lebendig werden und machen
deutlich, wie wichtig und „praktisch" gute
Methodenkenntnisse sind.

Erhältlich im Buchhandel oder beim Verlag.
Änderungen vorbehalten. Stand: Juli 2010.

www.vs-verlag.de

VS VERLAG

Abraham-Lincoln-Straße 46
65189 Wiesbaden
Tel. 0611.7878 - 722
Fax 0611.7878 - 400